U0107215

看·历·史·见

黎元洪
老相册中的大人物

LI
YUANHONG

IN THE
FAMILY ALBUM

李琮　南庄　著

金城出版社
GOLD WALL PRESS
·北京·

前言

　　提起黎元洪这个名字，相信大家都不陌生。这位被孙中山尊称为"民国第一伟人"的风云人物，曾两度出任大总统，三度出任副总统，在中国历史上留下过很深的印记。然而，黎元洪到底是个什么样的人？几十年来众说纷纭。

　　在我看来，黎元洪是不幸的。他出生那年，正是清军剿灭太平天国之时。他去世那年，赶上"东北易帜"，局势也不太平。前半生，内忧外患，清王朝已走向下坡路，人民苦不堪言。因为家境穷困，黎元洪小时候讨过饭，喂过牛。后半生，清政府被推翻，黎元洪当上了副总统，可又处处受到袁世凯牵制。好不容易熬出了头，坐上了总统的大位，黎元洪才发现，自己这个总统根本就没有什么实权。而他这一生，社会大环境始终一个"乱"字当道，这自然很不幸。

　　然而，黎元洪又是幸运的。鉴于几次对外战争的失败，清政府决心好好改革军队。在自古以科举为出仕途径的中国，能够单纯依靠军事上的资历得到迅速擢升并进而得到较高社会地位者并不多见，黎元洪便是其一。更何况，他还在甲午中日战争中有过一段不光彩的历史，能够在那段不幸经历之后遇到伯乐，并再次受到重用，黎元洪当然是幸运的。辛亥首义，有无数革命党人抛头颅洒热血，可谁曾想竟是黎元洪这个新军将领当上了鄂督。一夜之间，黎元洪就成为了起义领袖、共和功臣，他毫无疑问是幸运的。

黎元洪是软弱的。当辛亥革命的胜利果实即将落入袁世凯囊中之时，当袁世凯镇压二次革命之时，黎元洪的做法让不少人感到失望，许多人都对他的软弱妥协提出非议。

然而，黎元洪又是有原则的。当袁世凯企图复辟帝制并以封赐亲王为诱饵来拉拢他时，黎元洪没有忘记自己民主共和的初心。在他眼里，无论如何，不能再让"皇帝"这一角色回到中国历史的舞台。

黎元洪是智慧的。他懂得什么时候应当自保，什么时候应当奋不顾身，什么时候应当接受，什么时候应当拒绝。难怪章太炎以谯周来比黎元洪，能像谯周一样历经数朝而不倒的人，自然是有经世之大智慧的。

黎元洪又是无奈的。寄人篱下的滋味，只有他自己知道。当副总统时被袁世凯压制，当大总统时又先后被段祺瑞、曹锟、吴佩孚压制，纵然自己有一番理想抱负，可就是没法儿施展，心中除了抱憾与感慨，还能怎么样？

黎元洪是进步的。晚清诸官，能够有意识向西方看齐者并不在多数。黎元洪不仅认识到中西差距，还曾三赴日本游学考察，这足以证明其思想之进步。而让自己的几个儿女接受西方的教育，崇尚西式生活，这在当时就更不多见了。

黎元洪又是传统的。他与自己的结发妻子从年少到年老一直恩爱，纵使后来又娶了一位如夫人，黎元洪也从来没有将正妻冷落一边。结发妻身上所具有的中国女性的优点，让黎元洪一生都对她敬重有加。

黎元洪是平易近人的。纵使当了大总统，依旧是"有饭大家吃"，不改自己当年的朴实作风。寓居天津之后，黎元洪每年和大家一起过双十节，在他眼里，这个节没有什么"百姓""总统"之分。身边人人唤他"黎菩萨"，这个名也不是白叫的，黎元洪确实像菩萨一般有着善良心肠。

黎元洪还是全能型的人物。他不光是军人、政治家，还是商人、社会活动家。他明白投资，懂得经营，几十家企业都有他的股份，用现在的话说，他的社会兼职非常多。黎元洪和西方名人建立了广泛的人脉关系，无论是记者、摄影师，还是商人、学者，黎元洪都能和他们产生交集。在不少当时西方人的眼中，黎元洪俨然就是他们了解中国的一个窗口。

黎元洪是富有爱国之心的。他投身实业，发展煤炭、航运、纺纱事业，为的就是让中国从积贫积弱走向富强。他大力支持医疗、教育事业发展，为的就是让中国人病有所医，学有所教，能过上更好的日子。

黎元洪又是爱"展示自我"的。他喜欢出现在镜头前，喜欢在镜头前表现自己威武的一面。黎元洪家族留下的这本相册，里边有200多幅老照片。

这些珍贵的历史照片告诉我们，黎元洪是真实的，是有真性情的。他不是一个活在历史书中的历史人物，而是真真正正存在于我们眼前的那个新军统帅、那个革命领袖、那个民国大总统、那个当了寓公的老头儿。他与我们一样，会想方设法明哲保身，会对任何存在的希望抱有幻想，会在遭遇挫折后心灰意冷。他会享受抱孙子时的天伦之乐，也会在乎自己的生意输赢赔赚。总之，他告诉我们，不管后世如何评论，黎元洪这三个字都不是冷冰冰的，它是鲜活的，是可以感受到的。

本书以历史旧照为线索，分10个专题，讲述了黎元洪的一生。它不完全是一本人物传记，也不完全按照历史线索进行叙述。可以说，将众多的历史影像，与史实相印证，是本书的一大特点。

由于笔者水平有限，书中不免出现错漏，还望各位方家、读者理解并指正。

是为前言。

目 录

第一章

黎黄陂的同学少年

黎元洪（四排左一）在天津北塘上私塾时与同学的合影。

中国旧式的私塾中，学生们的年龄差距往往很大，从五六岁直到二十岁都有，人数多的有三四十人。从这张合影中的学生人数来看，黎元洪老师李雨霖的私塾规模确实很大，这也从一个侧面反映出其在当地的影响力。经分析辨认，四排左一应为黎元洪，此时他应该尚在北塘读私塾，即1878—1883年间。如果照片拍摄于黎元洪结业之年，则大致应为1883年，当时黎元洪虚岁十九。

少年时代的黎元洪备尝艰辛，求学生涯更是历经坎坷，直到在天津水师学堂，以异于常人的表现得到教官们的厚爱。

直隶北塘私塾求学

多年以后，当长子黎绍基不知从什么角落翻出这张斑驳发黄的旧照片时，已过花甲之年的黎元洪不禁感慨连连。此刻，他的思绪仿佛一下被拉回到了半个多世纪前的少年时代。

此时为1925年，自从两年前被从大总统的宝座上赶下来之后，黎元洪便彻底远离了北京政坛的波诡云谲，退隐到天津英租界黎公馆这片狭小的天地修身养性，安度晚年。回首自己的一生，这位曾经两任大总统、三任副总统的风云人物，每每会平生伤感与惆怅。或许是为了弥补父亲内心深处的失落，1925年的春天，作为家中长子，正在南开大学读大二的黎绍基决定应《京津泰晤士报》之邀，用英文撰写一本简短的《黎元洪传略》。于是，这张黎元洪少年求学时的照片，被翻找了出来，因为是合影，我们如今已很难清晰地辨认出主人公的面孔。尽管如此，考虑到黎元洪早年的家庭境况及个人经历，后人能够见到他求学时期的照片，已属难得。

1925年，根据父亲的口述，黎绍基在《黎元洪传略》一书的开篇写道：

> 湖北省位于中国内陆的中部，长江流域上游洞庭湖以北。在接近北部省界的地方，可以找到一个面积不大，然而文风甚盛的县份，这便是我的祖籍黄陂。……这地方虽是个县城，但却很荒凉，它有着无数的农田和一望无际的荒野。但是，除了几处只有富裕人家子弟能够上得起的专教经书的私塾外，一所学校也没有。

有关黎元洪的种种传记都证实，这位前大总统的少年时代可谓备尝艰辛，其求学生涯更是坎坷。

黎元洪的父亲黎朝相出身行伍，以参加讨伐太平天国起家，几经沉浮，始终只是一名中下级军官。在黎元洪的少年时期，由于家庭迭遭变故，四处漂泊的父亲根本无力供其读书。据说，由于家庭贫困，童年时期的黎元洪曾讨过饭，放过牛，甚至偷拔过别人家地里的萝卜。在黎元洪的祖籍黄陂还曾流传一个故事，说在黎元洪小的时候，他父亲让他去放牛，但不小心牛吃了别人的庄稼。父亲很是气恼，就罚黎元洪到河边的沙滩上去晒毒太阳。过了一会儿，父亲又心疼儿子，便走到河边去看看黎元洪怎么样了。父亲走到河边，立时惊呆了：满世界都是如火的太阳，唯独黎元洪头上有一块云彩遮盖着，他正在那悠闲着呢！父亲当时就想，自己的儿子绝非等闲之辈，日后说不定会有帝王之福。于是，父亲再也不让黎元洪放牛，而是将他送进学堂。自此，黎元洪勤奋用功，刻苦学习，考上了北洋水师学堂，并在之后踏入了军界、政界和商界，最终成就了自己非凡的一生。

其实只要稍微了解一下黎元洪的人生履历，就不难发现这个传说经不起推敲。实际上，由于当时父亲在外从军，家中经济状况非常不稳定，因此从严格意义上来讲，黎元洪虽然早年曾在汉阳断断续续上过三年私塾，但那根本不能算是求学。而他真正接受系统的基础教育，则是随父亲到了北塘之后。行伍出身的黎朝相，早年参加湘军，初属名将鲍超部，后划入唐仁廉的仁字营，跟随唐仁廉转战于河南、山东、直隶等地。1874年，唐仁廉就任通永镇总兵，黎朝相便随仁字营调到直隶北塘驻扎。两年后，黎朝相升任把总，薪俸随之增加，这才设法将居住在湖北汉阳的家室迁到北塘。从此，黎家逐渐在北塘定居下来。那一年，黎元洪刚刚虚岁13岁，正值读书年龄。虽然微薄的薪俸尚难养活一家老小，但军人出身的黎朝相为了改变家族的命运，还是决定送黎元洪去读书。黎绍基在《黎元洪传略》中写道：

> 北塘不是一个富庶的地方，它不像中国其他地方那样，有着丰富的物产，这里大部分居民是从事渔业。他们将捕捉到的鱼，除留一小部供自己食用外，其余的全部运往天津。这地方还盛产盐，邻近地区，甚至很远的内地所食用的盐，都靠这里供给。这里受教育的可能性，说不上比我父亲离开的那个小地方能有多大的进步。那时，在中国一个如此闭塞的地方，要找到一所乡村小学，就像英国十九世纪初期乡村中旧式的即由妇人主办的那样小学校，根本是不可能的。只有

有钱的人家，才能请教师在家里教他们子弟念书。而在一些学究开办的私塾里，授业者的学识贫乏。他们教学生读四书以求仕进，而很少教诗文。我父亲进入的就是这类学校，而且学校离家很远，他又不能每天去校，只能隔一天上一次课。

　　鲜为人知的是，即便是进入私塾学习，黎元洪也经历了不少波折。原来当时北塘文风极盛，私塾竟有30多家，而其中最负盛名的私塾先生名叫李雨霖，当地许多人家都纷纷慕名前往，希望将子弟送到他门下。不过这位李先生却有个规矩，就是一年只招4个学生。而黎朝相因军中公务繁忙，竟无意中错过了为黎元洪报名的时机，等想起来去李雨霖家登门拜访时，遭到了拒绝。黎朝相求助于自己的上司、北塘炮台统领唐仁廉，可性情古怪的李先生依然不予通融。眼看儿子年纪已经不小，却迟迟不能开始接受系统的教育，黎朝相心急如焚。不过正所谓吉人自有天相，黎元洪最终还是成功地入了学。关于黎元洪上学这事儿，当地还流传着这样一则故事：

　　一天，黎元洪在河边玩了一阵子水，从大码头回家转。路经北塘闹市三角地时，天上出着太阳却下起雨来。起初，人们谁也未当回事儿，该干嘛还干嘛。不想雨越下越大，大家都忙着找地方避雨。黎元洪看见，一个不大的雨厦下，站着位老先生，手里拄着拐杖。老先生哪里知道，雨水冲刷后的雨厦，在渐渐脱离所依靠的墙，逐渐向前倾斜，眼看一场灾难就在顷刻间。说时迟，那时快，黎元洪一个箭步冲上去，夺了老先生手中的拐杖就跑。"大庭广众之下抢东西，没王法啦！"老先生一面喊一面追，刚离开雨厦，就听身后轰隆一声响，雨厦从空而降，落在地上摔了个支离破碎。老先生毫发无损。街上所有看到这一幕的人，顿时都目瞪口呆，并从心里感叹这个孩子的机智。"老先生，给您拐杖。"黎元洪礼貌地将拐杖双手捧给老先生。老先生接过拐杖，上下打量小元洪："你不是北塘娃吧？""我是湖北黄陂人，"黎元洪说，"去年由汉阳搬来的。""你父亲叫什么？""黎朝相。""东大营的黎把总？""嗯。""回家跟你父亲说，李雨霖收你这个学生啦！""谢谢您！"黎元洪撒着欢儿地往家跑。黎元洪终于入了李雨霖家馆。他在塾中五易寒暑，读完了四书五经，又读《御批纲鉴辑览》，为后来的习武和从政，储备了丰厚的文化知识。

我们姑且不去追究这则故事是否真实，反正黎元洪最终如愿投入了名师李雨霖门下。在颠沛流离多年之后，终于有了一个阖家团圆、衣食无忧的安定生活，还能有机会好好读书，黎元洪十分珍惜这个机会。正如黎绍基所述：

他最大的嫌恶是偷懒，换言之，他喜欢钻研，而且学习异常刻苦。从这时起，他就养成了一种抓紧时间的好习惯。当时，煤油已输入中国，有钱人家用它来照明，而一般的老百姓则用蜡烛或菜籽油，这对在晚间学习的人的眼睛是没有好处的。我父亲经常学习到深夜，直到双眼疼痛，也不肯放弃读书。由于他刻苦学习，得到了很多知识，不久学识便超过了他的老师。

　　作为父亲的黎朝相对儿子寄予厚望，对其学业严格要求，还尽自己所能悉心辅导。据说在公余之暇，黎朝相常给儿子讲述《春秋左传》里的战争故事。就在黎元洪到北塘后的第二年，母亲陈氏为他生了弟弟元泽。这一年，父亲黎朝相升任千总。不料好景不长，陈氏因产后失调，又受了暑热，没几天就病倒了，几个月后竟不治身亡。年仅14岁的黎元洪只得辍学留家，照顾出生不久的弟弟。幸好有随他一同来北塘的童养媳吴敬君，承担起照看元泽的重担，黎元洪才得以继续进入私塾读书。经过此番家中变故，黎元洪读书越发用功，在李雨霖塾中一口气苦读5个年头，读完了四书五经及《御批纲鉴辑览》等书，这为他后来的军政生涯提供了足够的知识储备。

　　对于北塘私塾的求学经历，后来贵为民国大总统的黎元洪一直十分感念。民国初年，当全国各地纷纷兴办新式学堂时，黎大总统特地拨给北塘镇公所一块芦苇地和两千元中国银行股票，资助当地开办了一所贫民小学，这绝对算是一桩义举。

　　黎元洪在北塘私塾5年间，家中境况也逐渐好转，特别是父亲升迁至从三品游击，俸禄大幅提高，得以支撑他继续在学业上深造。课余时间，黎元洪常到父亲黎朝相所在的兵营玩耍，对骑马操练产生了兴趣，进而有了从军的念头。恰在此时，黎朝相获悉刚刚创办不久的北洋水师学堂正在招生，于是便积极支持儿子前去报考。

北洋水师学堂遇名师

　　说起这所北洋水师学堂，在中国近代史上的地位可谓举足轻重，影响深远。在清朝末年的洋务运动大潮中，为了培养本土海军人才，时任直隶总督兼北洋大臣的李鸿章，向朝廷奏请，于1881年创办了北洋水师学堂，校址设于天津城东八里的东机器局旁。作为近代中国第一所具有国际水准的海军军官学校，该校当时得到了朝廷的大力扶持。学堂刚刚落成那年，李鸿章就从福建船政局调来著名启蒙思想家严复出任总教习。严复刚刚从英国著名的格林威治皇家海军学院留学归来不久，算得上国内顶尖的海军人才。由于得到朝廷资金、人才政策等方面的大力支持，北洋水师学堂不但建筑宏伟、环境幽雅、设施齐全，而且师资力量雄厚，甚至聘有西洋教习。据记载，该学堂设有驾驶、管轮两个专业，学制为5年，主要课程有英语、地舆图说、算学、几何、代数、驾驶、测量、重学、化学、格致等20余门课程。由于李鸿章的高度重视，北洋水师学堂的教学水平较高，就连当时前来考察的欧洲海军院校同行都给予高度认可。

不过话说回来，在那个年代，多数中国读书人的首选还是走科举之路以为进身之阶。因此在北洋水师学堂开办之初，尽管学校承诺学员优厚的待遇，却依然鲜有人问津，以至于出现很难招满学生的窘境，或许只有像黎元洪这样家境并不富裕的军人子弟才会感兴趣。于是在父亲的支持下，黎元洪前去报考。他凭借5年私塾打下的良好基础，顺利被学校录取，成为北洋水师学堂第一期管轮班学员。实际上，根据当时该学堂的招生章程规定："招考学生，无论直隶本籍，或外省寄居良家子弟，年在十六七以内"，黎元洪报考时已年届二十，属于超龄考生，或许是由于学校招生本就不易，再加上他本身表现突出，因此便顺利入学。

能够获得这样一个机会，黎元洪格外珍惜。正如黎绍基所介绍的：

我父亲十九岁时，进入天津北洋水师学堂。当时，青年们很少愿在海军服务，因此学生在学堂里很受优待，每人每月饷银四两。除此之外，学堂还供给衣服、伙食和书籍。可是，学堂入学考试却很严格，所以当我父亲听到考试及格并被学堂录取的消息时，感到非常高兴。像往常一样，他学习很用功，虽然在开始时课程对他有点吃力，但不久他便取得好成绩。他是一个住宿生，住宿费用校方从未公布过，故开支多少学生亦无从得知。校规特别严格，学生们都受到严格的管理，并像水兵一样去进行训练，尤其要参加体力锻炼。因此，这种训练对我父亲来说很有好处，他身体异常健康，可以说应归功于这种训练了。学堂距离在北塘的家有四十英里远。当时天津与北塘之间尚无火车，但可以雇到骡车，可是这段路程需要一元钱的费用。每到放假时，我父亲总是徒步往返，因为一元钱在当时是很值钱的。

就在入学后第二年，黎元洪的父亲突然患病去世，家里的经济来源骤然断绝。幸亏他每月还能从水师学堂获得四两银子的补贴，勉强维持一家人的生活。面对如此艰苦的境遇，黎元洪更加发愤图强，学业突飞猛进。特殊的经历，造就了他待人宽厚、勇于担责的品格。据说有一次，几个生性顽皮的同学强拉黎元洪一起干了件违反校规的事，结果在被校方追查时，这些学生不是互相推诿，就是矢口否认，而黎元洪却毅然承担全部责任，并在事后对同学们说："大丈夫要敢做敢当，出了事岂能推卸责任？"由此，年岁稍长的黎元洪被同学们私下里一致称为"仁义大哥"。久而久之，黎元洪因其异于常人的表现得到水师学堂教官们的厚爱，其中就包括总教习严复、正教习萨镇冰及洋教习汉纳根，而这几位老师对黎元洪的人生也产生了重要影响。

众所周知，严复（1854—1921）是近代著名的翻译家、教育家和思想家，他所翻译的《天演论》曾影响了无数中国人。鲜为人知的是，严复还是近代中国最早的海军人才，曾在英国皇家海军学院接受过系统教育。他在1879年从英国毕业回国后，第二年便被李鸿章聘任为北洋水师学堂正教习，后升任会办、总办，直至1890年辞职。严复在校任职期间，黎元洪恰好在校学习。多年以后，黎元洪一跃成为国家元首，严复对其有一段意味深长的评价：

> 黎公道德，天下所信。然救国图存，断非如此道德所能有效。何则？以柔暗故！遍读中国历史，以为天下最危险者，无过良善暗懦人。下为一家之长，将不足以庇其家，出为一国之长，必不足以保其国。

相比之下，北洋水师学堂教习萨镇冰对黎元洪的影响可能更深一些。萨镇冰（1859—1952）早年的经历与严复一样，他们一同被派往英国皇家海军学院学习，回国后也被李鸿章招至北洋水师学堂任教习。与严复不同的是，萨镇冰后来一直在海军任职且位居要津，先后任清朝海军统制和北洋政府海军总长等职。当年黎元洪在水师学堂求学时，作为授课老师的萨镇冰其实只比他大5岁，二人结下了深厚情谊。在校期间，黎元洪得到了萨镇冰的大力提携。1886年，萨镇冰辞去教职，投身海军服役，成为一名北洋水师将领。而在水师学堂这段特殊的交情，为后来二人再度共事埋下了伏笔。

1888年春，黎元洪以优等成绩从天津水师学堂毕业。作为该校的第一届毕业生，像他这样的人才自然备受青睐。因此，刚一毕业他就被派往北

萨镇冰赠友照，摄于北洋海军时期。

洋舰队的"来远"号上实习，并获得了六品顶戴，月俸白银16两。两年后，他又在广东水师"广甲"号充当三管轮，负责机器开关、拆洗及维修保养等事务，月俸白银60两，待遇可谓优厚。

　　学生时代的黎元洪，历经磨难，吃尽苦头，最后终于在军中有了个不错的归宿。而年少时的这些经历，则对他今后的人生产生了至关重要的影响。

第二章————

黎菩萨的军旅生涯

尽管在后人的印象中，黎元洪是以政客的面目出现，但其实严格意义上说，他人生履历的第一阶段却是一名职业军人。

不堪回首的海军往事

光绪二十八年（1902年）十二月，为保举黎元洪能够尽先补用都司职务，湖北武昌府江夏县知县陈树屏奉命向朝廷呈交了一份黎的个人履历清册，其内容大致如下：

黎元洪，现年三十九岁，系湖北汉阳府黄陂县寄籍江夏县人。曾祖世义，祖国尧，父朝相均殁。

光绪九年正月考取天津水师学堂。

十四年三月，天津水师学堂考取优等，北洋大臣李鸿章保举赏给六品顶戴，请以把总尽先拔补，旋奉派往"来远"舰差遣。

十六年二月，奉北洋水师提督丁汝昌调赴广东"广甲"舰，充当三管轮。

十七年九月，北洋大臣李鸿章保举以千总尽先补用。

十八年七月，被提拔为"广甲"舰二管轮。

十九年二月，两广总督李瀚章堂奏报升五品顶戴。同年五月奉调赴湖北省枪炮厂差遣。

二十年三月内，湖北枪炮厂监工。

二十一年三月，被署理两江总督张之洞调往南京，充任狮子山、幕府山、钟山等处炮台总教习。

二十二年二月，随湖广总督张之洞调回湖北省，奉命在炮厂监制快炮，不久兼充护军后营帮带。

二十四年正月，奉湖广总督张之洞之派赴日本游历，回国后被保举为守备。

二十五年九月，奉湖广总督张之洞之派，再度赴日本考察军事。

二十六年六月，由日本回国，管带护军马队第一营。

二十七年五月，因镇压自立会有功，被张之洞保举为都司，同年九月奉命赴日本考察军事，两月后回国，仍到原营供差。

然而在当年，无论是黎元洪本人还是他的上司都心里清楚，这其实是一份"造假"的个人履历，因为在光绪二十年，也就是公元1894年，有一件重要的个人事项，显然被有关方面刻意隐瞒了。而被刻意隐瞒的这段往事，无疑是黎元洪人生履历中他本人最不愿回首的一页。

关于这段往事，多年后黎元洪的长子黎绍基是这样转述的：

"来远"舰，摄于1887年。1888年，黎元洪以
把总之职，奉派"来远"舰见习海军技艺。

....

"来远"舰是中法战争结束后，与"致远"舰同
批在德国伏尔铿船厂订购的装甲巡洋舰，建成
后和"致远"舰一起由中国海军官兵接收驾驶
回国，调归北洋水师。黄海海战时，"经远""来
远"分别与"致远""靖远"结成小队作战，"经
远"曾发起对日本军舰"比睿"的猛烈攻击，后
随队长舰"致远"一度试图冲击日军阵型。北洋
海军左翼阵型崩溃后，"经远"遭4艘日本巡洋舰
围攻，苦战数小时后不幸战沉。姊妹舰"来远"
在战场上同样表现活跃，曾在围攻"赤城"等日
本军舰的战斗中表现突出，后因受伤过重退出战
斗。刘公岛保卫战中，"来远"舰于1895年2月
6日凌晨被日军鱼雷艇"小鹰"偷袭击沉。

"广甲"舰

....

福州船政局建造的"威远"级铁胁木壳军舰,建造中途因两广总督张之洞在船政局协造军舰,而被预订拨付广东水师,是清末广东水师重要的主力舰之一。1894年春,该舰北上与北洋海军会操,事毕后留在北洋遭遇甲午战争。1894年9月17日"广甲"参加了黄海海战,海战初期表现积极,曾配合"致远"等友舰攻击敌方弱舰,当天深夜在大连湾外三山岛附近触礁,因施救无效,拆除军械后自行炸毁。

我父亲于1889年(光绪十五年)10月从海军实习回到家中,在北塘休息了三个月,并于次年春天被任命为广甲军舰的管轮。这艘军舰停泊在上海,全家也随之搬迁到那里。在中日甲午战争爆发之前,他在海军服役了五年。中日间宣战后,丁汝昌被任命为北洋水师提督。他命令广甲舰即刻驶往旅顺,积极准备应战。(结果在黄海海战中)战斗持续了六小时,因夜幕降临方才停止。在这片海域中,暗礁遍布,不过只有在落潮时才能看到,晚上潮水涨得很高,广甲舰不幸触礁,被搁浅在茫茫的大海之中。第二天,即9月18日,水兵们离开战舰登上救生艇,打算把弹药搬到一只布雷艇上运走，但当这艘布雷艇接近战舰时，受到敌人鱼雷艇的攻击。他们这艘小艇虽无武装，却由于炮台的掩护而使它能够安全到达海岸边。当他们抵达海岸上岸时，敌人停止了射击，因此他们又返回到搁浅的军舰，然而只停留一会儿又受到敌人鱼雷艇的前后夹击，他们乘坐的布雷艇还拖着一个舢板，舰长和一些水兵爬到那上边去，还没等其余的人上来就开走了。敌人的鱼雷艇愈来愈近，我方仍有十三个人留在布雷艇上，其中包括我父亲在内。当时唯一的办法是跳进水中，否则只有束手待擒。他们考虑还是跳水为佳，于是十三人都跳下水去，其中有些人会游泳，而我父亲不会，幸而他带着一条救生带，得以在海中漂泊三个多小时。到了傍晚，他被滚滚的海浪神奇般地冲到岸边。据说这十三个人中，有八个人不是淹死就是被敌人俘虏了。我父亲着陆的海边是个岩岸，他爬到峭壁上面，吐出了在海中喝进的咸水，休息了片刻，他开始辨认身在何处。此时他饥寒交迫，身上还穿着湿透了的衣服，像是在这片荒野之中迷了路。他叹息着，并把手伸进了口袋，发现还有六块银洋和一只表留在里面。这给了他一线希望而稍感慰藉，便决定去找个旅店。可是他拖着疲惫的身躯走了很长的路，也未找到旅店。最后，遇到一位善良的老人，把我父亲请到他家，并告诉我父亲此地距离旅顺只有三十里路。还供给了晚饭和衣服。我父亲在老人家里住了一宿，第二天早晨，老人把晾干了的军服交给他，并招待他吃了早饭，之后，我父亲道了谢意而离去。他花了一天半的时间走到旅顺。路上没有遇到小饭馆，不过到处都是山芋田，农民们正在掘出甘薯准备入窖过冬。按照中国的习俗，过路人可以吃甘薯，只是不能带走。当我父亲饿了时，便以甘薯充饥，并能得到水解渴。

尽管在后人的印象中，黎元洪是以政客的面目出现，但严格意义上说，他人生的第一阶段是一名职业军人，而且作为一名海军军官参加过著名的甲午海战。只不过，这场失败的战争带给他的是耻辱，因此，他试图将这种耻辱从自己的履历上抹去。

实际上，我们可以想象，假如没有这场战争，说不定黎元洪在海军可以一帆风顺地发展下去，成为一名德高望重的海军高级将领。

黎元洪不会忘记，从北洋水师学堂毕业后，在他被分配到"来远"舰上实习不久，就因出色的表现而得到前来视察的海军提督丁汝昌的青睐，随即被调到广东水师的"广甲"号兵舰升为三管轮。而在1891年"广甲"舰被调往北洋舰队接受检阅时，黎元洪又因出众的技术受到直隶总督兼北洋大臣李鸿章的表扬，很快便擢升为二管轮，获五品顶戴。只可惜，3年后中日甲午战争爆发。而在这场战争中，奉命参战的"广甲"舰在一片混乱中不但无力发挥作用，反而因为管带吴敬荣临阵脱逃而触礁搁浅，最终黎元洪只能与幸存官兵跳海逃生，以至于在战后还一度被以逃兵的罪名监禁数月。

不难发现，在光绪二十八年（1902年）十二月，湖北武昌府江夏县知县陈树屏为保举黎元洪而奉命向朝廷呈交的个人履历清册中，"十九年二月，两广总督李瀚章堂奏报升五品顶戴。同年五月奉调赴湖北省枪炮厂差遣"这一条显然有造假的嫌疑。因为光绪十九年（1903年）五月，黎元洪尚在海军

1895年2月6日，北洋水师"威远"舰在威海卫港内被日军鱼雷艇偷袭击沉。

1895年2月，被日军俘获后在旅顺港内维修的北洋水师"镇远"舰。

....

1894年9月17日，"镇远"舰在黄海海战中奋力作战，多处受伤后于
10月17日撤入威海港，结果不慎触礁，管带林泰曾愤而自杀。1895
年2月7日，"镇远"舰被日军掳去，维修后编入日本舰队继续服役，
成为日本海军第一艘铁甲战列舰。1912年4月6日被拆解出售，"镇远"
舰指挥舱中的陈设炮、大清海疆图等文物交付日海军部纪念馆保存，
而所遗铁锚、锚链则被日本政府作为战利品陈列于东京上野公园。

服役，至于去湖北省枪炮厂差遣，那是在光绪二十一年（1905年）四月甲午海战结束后的事儿了。

"贵人"张之洞

惨痛的海军生涯中断之后，黎元洪曾一度陷入绝境。作为败军之将和逃兵，黎元洪经受了短暂的牢狱之灾，最终丢掉了饭碗。出狱后，为了生计，他不得不四处寻找新的出路。

幸运的是，恰恰是由于甲午战争的失败，被彻底刺痛的清政府又开始了新一轮的军队重建，而作为当时难得的职业人才，黎元洪很快就觅得了良机。在前往南京寻找出路的途中，他偶然从报纸上看到两江总督张之洞正为组建自强军而征召人才的消息，于是在昔日恩师萨镇冰的推荐下，他投至张之洞帐下。凭借着北洋水师学堂的文凭和流利的英语，黎元洪被任命为军中翻译，并受命监督修建南京各处炮台。仅仅用了几个月时间，他就督造建成了狮子山、幕府山、清凉山、乌龙山等多处炮台，以及八间弹药房、六间总药房、四道暗路等众多工程，这一系列业绩令张之洞刮目相看。赞赏之余，张之洞甚至亲自手书"智勇深沉"相赠。黎元洪从此大受器重，不仅被张之洞任命为南京炮台总教习和总台官，还一跃成为这位封疆大吏的重要高参和亲信。由此，黎元洪开始了陆军生涯。

黎绍基在回忆父亲这段军旅生涯时说：

> 《马关条约》的签订，宣告中日战争结束。当时，我父亲已无返回海军服役的希望，因而陷入赋闲的困境。在绝望

之中，他前往上海谋生。不久，清政府宣布凡在北洋水师效过力的人员，皆可因材录用。我父亲听到这一消息后，便立刻申请职务，不久他被任命负责修建南京炮台事宜。对他来讲，这件事并不是困难的，所以他只用了一年的时间，便完成了这项任务。

当时，张之洞为江苏巡抚（应为两江总督——笔者注），他在清末是一位著名的学者，他知人善任，喜欢为人忠诚而又有能力的人。当我父亲拜见他时，他像以往那样询问了我父亲在海军服役时的一些情况，并征询了对建筑炮台的意见。当他听到我父亲提出的计划时，深感高兴，并对在场的同僚说："我有好久没有见到像黎先生这样老实而又能干的人了。"因此，在炮台修建完毕，他便向清廷推荐我父亲说："黎元洪不仅忠实可靠，还是一个能处理重大事务的人。"于是，我父亲被任命为南京炮台的总教习。那时，中国缺乏受过新式教育的人材，而我父亲作为一个水师学堂的毕业生，比一般人具有先进的观点，同时又因他在海军服役多年，也具有很多经验。张之洞了解到这一点，于是在商讨些重大问题时，都让我父亲参加，并对他所提出的建议，大多认为中肯。

自从得到张之洞的赏识和重用后，黎元洪的人生便进入了快车道。1896年初，张之洞由两江总督调任湖广总督，黎元洪也顺理成章地随之回到自己的家乡湖北。张之洞到任后，立刻掀起了大清王朝末期地方上最轰轰烈烈的建设热潮，而其核心仍是军事。作为张之洞最倚重的心腹，黎元洪可谓忠心耿耿、殚精竭虑，并取得了令人瞩目的成绩。其间，他曾受命三度赴日本学习、考察陆军和骑兵建设及兵工厂生产情况。值得一提的是，在协助张之洞编练湖北新军期间，黎元洪充分施展了自己海军方面的才能。当时张之洞积极响应朝廷重振海军的计划，先后购买了一系列舰船，即所谓"六楚"（楚材、楚同、楚豫、楚有、楚观、楚谦）"四湖"（湖鹏、湖鹗、湖鹰、湖隼），而黎元洪当仁不让地成为这支舰队的统领者。

　　有贵人相助，黎元洪在仕途上顺风顺水，由千总升守备，再升都司，再升副将，最终成为新军第二十一混成协协统，一跃跻身于"南洋名将"之列，在当时的军界绝对算得上官运亨通了。

张之洞（1837—1909），晚清重臣，洋务派代表人物之一，历任山西巡抚、两江总督、湖广总督等职。

【黎元洪督造的南京炮台】

清末南京狮子山炮台，1905年前后。

························

清末南京城内城外共设有七处炮台：雨花台、清凉山、富贵山、下
关、狮子山、幕府山、乌龙山炮台。当时地方官员的报告中说："金
陵一路炮台，乌龙山扼下游来路，幕府山、下关逼近省垣，足御敌人
登岸。复有狮子山等台，分布于内外四周，防力可称坚固。"1874年，
时任两江总督的李鸿章下令在狮子山山顶设置炮台。1895年，为进
一步巩固内陆江防，代理两江总督的张之洞在南京成立江宁要塞，重
修具有现代化特征的金陵狮子山炮台，而负责人正是黎元洪。据清末
档案记录，狮子山"有炮台6座，东西两面各3座。置后膛炮、快炮
8尊"。炮台装备的德国克虏伯后膛炮、英国阿姆斯特朗速射炮彼此配
合使用，还拥有口径在210毫米以上的克虏伯大炮。

清末南京狮子山炮台官兵，1905年前后。

清末南京清凉山炮台官兵，1905年前后。

....

清凉山炮台在南京西门内西南隅，依城为台，背山面江，兼控水陆，
置快炮2门，设炮目、勇14名。

清末南京幕府山炮台官兵，1905年前后。

....

幕府山炮台位于南京北门外约6里，建有炮台7座，分东西两处，置炮7门，设专台官1员，教习1名，司事、机匠、灯旗、号令4名，炮目、勇130名。

清末湖北水师舰船之一——"湖鹰"号鱼雷艇。
湖字级鱼雷艇系张之洞任湖广总督时向日本
订购的鱼雷快艇，其中"湖鹰"号于1908年
完工。

在湖北协助张之洞编练新军时的黎元洪。

新军名将

　　张之洞赴湖北转任湖广总督时，恰逢清王朝开始在全国编练新军，而黎元洪也凭借其能力迅速在军界崛起，在短短几年时间内便跻身于新军名将之列。即便在人生的暮年，每当回忆起这段经历时，黎元洪仍旧充满自豪，这与其平生低调行事的风格略有不同。

　　在南京炮台建毕一年后，时任两江总督的张之洞被调任为湖广总督。他变更湖北军队的原有组织，而采用一套新的制度，并任命我父亲和几名外国顾问参与湖北新军的训练事宜。我父亲因过去一直在海军中服务而缺乏陆军的经验。但是，他了解当时日本有了突飞猛进的发展，于是便决定前往日本考察。他访日三次。在这几次的访问中，他不仅深入的研究了向日本学习的要旨，并详细地考察了日本军队新的组织方法。这种研究结果，使他了解到改良军队究应建立在什么样的基础之上。归国后，他便把新的知识用于改良湖北的军队，并被任命为湖北护军马队管带。不久，又改任护军前锋第四营督带，继而升为协统兼护第二镇统制官。他把全部时间都用于军队的训练和改良，并给本镇士兵开办一所医院，建立一个后勤加工厂，并向他自己所统带的士兵提供靴袜和制服。结果，使第二镇的管理成为其他镇的榜样。

1906年河南彰德秋操时，我父亲指挥第八镇参加这次演习。同时，我父亲还被任命兼管马、炮、工、辎各队事务，级别相当于统领。他还担任汉阳兵工厂的监督，湖北陆军中学总监、省讲武堂的会办。由于他是海军出身，一支拥有六艘军舰以及四艘鱼雷艇的湖北省海军舰队，也由他来指挥。

事实的确如此，黎元洪之所以能在后来被推向历史的潮头，很大程度上正是得益于这第二段军旅生涯。

原来，在经历了1900年八国联军侵华战争后，痛定思痛的清王朝下决心改编军队，推行军事改革，之后于1904年在北京设立练兵处，各省设立督练公所，计划在全国编练36镇。至1907年，清朝练成新军16镇和16个混成协。根据计划，当时张之洞治下的湖北最初设置两镇，而黎元洪则被任命为第2镇协统兼护镇统。1906年，湖北两镇合编为第8镇，由张之洞的心腹张彪出任镇统，黎元洪则担任第二十一混成协协统，并兼任兵工厂提调、棉麻局会办、讲武堂会办等许多重要职务。在张之洞的支持下，黎元洪提出了一套大刀阔斧改革军队的方案，使得湖北新军成为除袁世凯所属北洋新军之外最重要的一支军队，颇令中外瞩目。1905年1月，当钦差大臣、兵部侍郎铁良到湖北检查练兵情况时，也止不住地称赞："湖北军政，可谓天下第一。"而在清末新军所举行的数次会操中，黎元洪均率部参加，并且表现出色。

值得一提的是，由于湖北新军将领多选自武备学堂学生和军事留学生，而作为主要负责将领的黎元洪思想又比较开明，在政治上的管制也较为宽松，因此无意中使得这支军队在清末成为革命党人开展宣传与组织活动的良好舞台，并为后来的武昌起义创造了绝佳条件。对于这一历史后果，恐怕黎元洪当时是无论如何也想不到的。

担任湖北新军第二十一混成协协统时的黎元洪（右一）与当地人合影。

黎元洪思想开明，喜欢吸收有文化特别是有新思想的秀才兵入伍，并积极选送人才出洋肄习。清末湖北留学人员为全国之冠，就是黎元洪向张之洞积极建议的结果。

担任湖北新军第二十一混成协协统时的黎元洪。

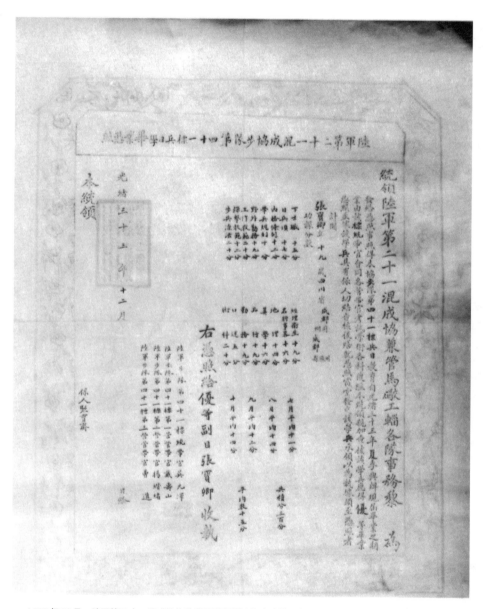

1907年12月，陆军第二十一混成协协统黎元洪颁给该协步队第四十一标兵目学优等副目张宝卿的毕业凭照。

【彰德秋操中的湖北新军】

1906年10月，清朝南北新军彰德秋操。图为黎元洪指挥的南军步兵。

....

1906年10月22日至25日，为检验编练新军效果，清朝在河南彰德组织了一次大型军事演习，史称彰德秋操。参加演习的清军分为南、北两军，共3.3万人。"北军"由袁世凯的北洋军组成，总指挥是北洋名将段祺瑞；"南军"主要由湖北新军组成，实际指挥者即黎元洪。据记载，演习中的湖北新军和黎元洪大出风头。湖北新军军容严整，枪法精准，士气高昂，被阅操大臣们赞为"东南各省首屈一指"。黎元洪从容指挥，下达命令干脆果断，声名鹊起，从名不见经传的普通军官一跃成为全国瞩目的名将。

对于清朝末年举行的数次军事演习，当时的国内外媒体均予以高度关注，官方还专门请照相馆现场摄影记录，并制作成精美的相册存留。目前流传下来的有：《北洋陆军迁安马厂两镇兵操照片》《光绪三十三年（1907）秋季近畿陆军第一第六镇在涿州附近演习战守图》《校阅陆军第三镇、第一混成协、第二混成协摄影》《光绪三十四年（1908）太湖秋操照片》《天津、保定各学堂局所照片》《庚戌（1910年）校阅第一镇撮影》和《庚戌校阅第二镇撮影》等。而此处我们所采用的照片，出自于记录1906年彰德秋操的一本老相册。

1906年10月，清朝南北新军彰德秋操。图为南军炮队射击。

1906年10月，清朝南北新军彰德秋操。图为南军步兵。

1906年10月，清朝南北新军彰德秋操。图为南军步兵流河渡桥。

1906年10月，清朝南北新军彰德秋操。图为检阅官员。

1906年10月，清朝南北新军彰德秋操。图为检阅情形。

第三章

黎都督的『十月革命』

湖北新军全体将官合影。左起第六人为湖广总督瑞澂，第八人为第八
镇统制张彪，第十人为第二十一混成协协统黎元洪。约摄于1910—
1911年。

武昌起义前的黎元洪

武昌起义中的黎元洪，是不是『床下都督』？他在起义爆发后，是静观其变，还是主动作为？

究竟是不是"床下都督"

　　1917年，俄国爆发了"十月革命"，建立了人类历史上首个社会主义政权，不仅给俄国，更是给全世界带来了翻天覆地的变化。其实就在6年前，位于东方大地上的中国同样爆发了一场惊天动地的"十月革命"，那就是推翻两千年封建帝制的辛亥革命。我们的主人公黎元洪，不仅在这场"十月革命"中扮演了十分重要的角色，而且关于其在革命中的地位，在后世还相当有争议。

　　1921至1922年间，鲁迅先生创作了著名的中篇小说《阿Q正传》，其中有一段对钱大少爷"假洋鬼子"丑态的经典描述："洋先生却没有见他，因为白着眼睛讲得正起劲：'我是性急的，所以我们见面，我总是说：洪哥！

我们动手罢！他却总说道 NO！——这是洋话，你们不懂的。否则早已成功了。然而这正是他做事小心的地方。他再三再四的请我上湖北，我还没有肯。谁愿意在这小县城里做事情。……'"文中的"洪哥"，正是黎元洪。作为辛亥革命的亲身经历者，鲁迅在目睹了民国建立以来的种种乱象后，完全有理由对这场革命予以辛辣的讽刺，而作为"首义都督"的黎元洪，自然也成为了被嘲讽的对象。

1911 年 10 月 10 日晚，武昌起义胜利后，摆在革命党人面前的首要任务是尽快建立革命政权，以便通电全国呼吁响应，而建立政权的焦点，无疑是军政府都督的人选。黎元洪时任武昌新军第二十一混成协协统，在湖北新军中是仅次于张彪的清军将领，在军界素以军务娴熟、为人厚重著称。尽管在推举过程中众人意见不一致，但最终黎元洪还是获得了各方的赞同——在武昌起义前，黎元洪对革命人物多少有过暗中保护，被视为思想开明的清军将领，这是其能当选的重要原因。

民国小报中流传过这样一个说法，起义当晚，黎元洪藏匿在参谋官刘文吉家的床底下，被革命党人揪了出来，于是，"床下都督"的称号不胫而走。在被拥戴为都督的几天里，黎元洪呆若木鸡，不吃不喝，"很想一死了之"。这种表现令革命党人犯难，他们不得不多次威逼黎就任。后来，起义的形势发展逐渐有利于革命党，在湖北立宪派领袖汤化龙的劝说下，黎元洪终于认清了形势，剪掉辫子，从"黎菩萨"变成"黎都督"。

谭人凤曾形容黎元洪为"无用之庸劣懦夫"，张作霖也曾说黎元洪是"碌碌庸才，靠了一时运气，做了副总统"。而像他们一样，认为黎元洪是"受菩萨保佑"而赶上了好运气的人，还有不少。

而黎元洪究竟是不是"床下都督"呢？从近些年的研究来看，答案是否定的。据研究辛亥革命的专家萧致治讲，辛亥革命爆发当晚，首先起义的是张彪部下的工程营，而黎元洪得知工程营起义后，便将自己管理的中下级军官集中到司令部。他对将官们说，敌来我击，敌不来我观，总之就是要"按兵不动"。

当天晚上，黎元洪统辖的协里发生了两件事：第一件，黎元洪手下的士兵邹玉溪是个革命党，听到革命党起义的消息后就想溜出部队参加革命，结果黎元洪将他抓住，亲手杀死了他；第二件，有一位革命党派来的共进会会员周荣棠，想翻墙到黎元洪的部队内通风报信，结果被黎元洪部下抓住，也被黎元洪亲手杀死。在革命爆发的当天晚上，黎元洪亲手结束了两个革命党人的生命，说明革命一开始时，黎元洪对革命党是采取敌视态度的。但他又不敢大动，还是打算静观其变。直到最后，起义的部队在蛇山上架起大炮，炮弹打到黎元洪的协司令部，黎元洪才慌忙下令"带兵出外避炮"。四十一标全体官兵一哄而散。到晚上12点，四十一标的士兵也投入革命，黎元洪则在当晚逃到刘文吉家里躲避。

10月11日清晨，一个叫做马荣的起义士兵在武昌城里四处巡逻，正好碰到黎元洪的伙夫挑着三个新皮箱。马荣上前盘问，伙夫说这些东西都是黎统领的。马荣便顺藤摸瓜，直接找到刘文吉家里，发现了黎元洪。据最后一位去世的辛亥革命老人喻育之在20世纪80年代的回忆，黎元洪当时是躲在帐子后面，并不像后来说的是革命党人从床下把他拉出来的。但不管怎么说，黎元洪当时杀了革命党人，是与革命为敌的，但之后随着形势转变，他也被动地参加了革命。毕竟他没有主动组织军队镇压革命党人，只是躲了起来。

而为什么黎元洪会成为领袖呢？根据一些回忆录的记载，在辛亥革命前，革命党的领导人就曾策划过，如果革命后没有首领的话，就拥护黎元洪为领袖。革命党人李作栋曾回忆："蔡济民对大家说：'起义已初步成功，目前最要紧的是重新组织政府，不能这样群龙无首；光武昌起义是不行的，必须马上通电全国，呼吁响应；安民告示更非马上发出不可。我们一定要找一个德高望重、为全国所知的人，才能号召天下，免得别人说我们是兵变闹事。'有人插言：'我们不是已经推定了总理和总指挥吗？'蔡说：'原来推定的诸人，目下都不在武昌，缓不济急。'"《辛亥武昌起义之革命团体》中则记载：武昌起义后一日（1911年10月11日）上午，穿过尚未弥散的硝烟，疲惫而兴奋的革命党人聚集于武昌蛇山南麓、阅马场北端的湖北省谘议局："众以秩序急须维持，而革命军诸首领黄克强、宋教仁、刘公、蒋翊武、孙武等均不在城（武昌），乃强胁二十一混成协协统黎元洪为都督。"

10月11日当天清晨，马荣把黎元洪找到之后，就把他带到楚望台军械库。当时的临时总指挥吴兆麟得知黎元洪即将到来，便把部队组织起来，列队欢迎，希望他能出来指挥作战。在楚望台停了几个小时后，到了中午，黎元洪就被带到谘议局，除了革命党人之外，谘议局的一些议员，主要是立宪派，也都请来了，大家就推举黎元洪为中华民国军政府鄂军都督。

意想不到的效果

黎元洪被逼出任都督，还产生了意想不到的效果。一位亲历武昌起义的革命党人这样记述："当元洪未到谘议局前，群龙无首……躁急者失望，胆怯者恐惶，至有忿忿作归计者。午后则武昌城内遍贴布告，往观者途之为塞，欢声雷动……旅汉外籍人士，闻之亦为之（震）动，皆曰：想不到黎协统也是个革命党！残敌更心惊胆裂，易装潜逃者，不可胜算。"

不仅如此，由于黎元洪系海军出身，与溯江而至的海军将士颇有渊源，其致书萨镇冰、汤芗铭等，还直接促成了海军反正，使得民军来自水路的军事压力解除。

武昌起义光复武汉三镇后，清廷为了镇压义军，于1911年10月12日命令海军提督萨镇冰率军舰前往汉口，配合陆军夹攻武昌兵变"叛军"。在武昌起义后第三天，萨镇冰乘"楚有号"军舰自上海出发，溯江西上，于10月17日早晨到达汉口刘家庙附近江面，清廷长江舰队统制沈寿已先从九江抵达汉口指挥舰队。时任武昌首义都督的黎元洪很清楚，一旦清军海陆联手夹击，武昌局势岌岌可危，于是他给他的老师萨镇冰写了一封信：

　　夫子大人函丈

　　　　洪当武昌变起之时，所部各军均已出防，空营独守，束手无策。党军驱逐瑞督出城后，即率队来洪营合围搜索。洪换便衣避匿室后，当被索执，责以大义。其时枪炮环列，万一不从，立即身首异处，洪只得权为应允。吾师素知洪最谨厚，何敢仓猝出此。虽视事数日，未敢轻动。盖不知究竟同志若何，团体若何，事机若何。如轻易着手，恐至不可收拾，不能为汉族雪耻，转增危害。今已誓师八日，万众一心，同仇敌忾。昔武王云，纣有臣亿万，惟亿万心，予有臣三千惟一心，今则一心之人何止三万。而连日各省纷纷之士，大多留学东西各国各种专门学校及世代簪缨，各有专长，阅历极富，并本省官绅人等。故外交着手，各国已认为交战团体确守中立，党军亦并无侵外人及一私人财产之事，不但在中国历史上视为创见，即各国革命史亦难有文明若此。可知满清气运既衰，不能任用贤俊，致使聪明才智之士四方毕集，此又岂洪一人之力所能致哉。即就昨日陆战而论，兵丁各自为战，虽无指挥，亦各奋力突进。汉族同胞徒手助战，持刀协击，毁损铁轨者指不胜屈，甚有妇孺馈送面包茶水入阵。此情此景，言之令人奋武。谁无肝胆，谁无热诚，谁非黄帝子孙，岂肯甘为满族作奴隶而残害同胞耶。洪有鉴于此，识事机之大有可为，乃誓师宣言，矢志恢复汉土，改革专制政体，建立中华共和民国，维持世界和平。

　　黄帝四千六百零九年八月二十九日受业黎元洪上

长江江面，1911年。武昌首义后，清政府命令海军联合陆军对武昌实行夹击。

萨镇冰，字鼎铭，曾先后担任清朝海军统制、中华民国海军总长等职，是中国近代史上著名的海军将领。萨氏早年间曾赴英国学习海军，后回天津水师学堂任教习，担任黎元洪的老师，二人私交甚笃。

　　萨镇冰在回信中虽未明确表态，但他在回信的第二天早晨，就率舰驶往下游阳逻港停泊，退出战斗，其态度不言自明。萨镇冰本人于 11 月 13 日乘英国太古公司的商船赴沪，随即命令清廷来汉的全部舰队驶往九江，宣布反正，加入革命阵营。接着，起义军舰分编两队，一队进攻南京，一队回航援鄂。至此，长江江面已完全由民军控制。民军兵员得到补充，士气高昂。

　　辛亥革命前后，中外人士曾留下了相当丰富的摄影作品以及一定数量的纪实电影资料。这其中，中国近代出版业的翘楚——商务印书馆于 1911 年 11 月至 1912 年 4 月出版的《大革命写真画》，便是最早印行的一部反映辛亥革命进程的影像集。全书共 14 集，所选用的照片皆为 1911 年至 1912 年拍摄。经考证，《大革命写真画》的照片，不少来自于欧美、日本访游中国之人士。

武昌起义——汉口大火。

1911年10月10日武昌首义后，清政府急派荫昌、冯国璋等赴湖北助战。10月27日，冯国璋部攻陷汉口刘家庙车站，革命军退守到市内。冯国璋遂下令向汉口城内放火，大火烧了三天三夜，汉口城损失惨重。

起义者，1911年。

....

起义者们经过江夏的一条商业街。街边二层连檐的建筑中，有旅店，还有一处题为"夏报馆"的匾额，
疑似为"江夏报馆"。

起义者，1911年。

....

在这张照片中，留辫子者与不留辫子者"同框出现"，足见在那个动荡的年代，人们也是各自怀有各自
的思想。

起义者，1911年。

....

革命军们身着新式军服，手持新式装备。

外国租界内的美军士兵，1911年。

·······························

士兵们的帽子上疑似写有"U.S.S. CADMUS"，为美军士兵。他们坐在用一袋袋泥沙堆垛起来的"路障"上。租界在当时属于"国中之国"，里面有不少中西合璧的店铺，照片中的"华英胜""湖广春"即是如此。

起义者营地，1911年。

....

一座座军帐，整齐列队。

起义者营地，1911 年。

....

起义者们的军帐整齐搭在铁道旁，每座帐篷内的士兵均将其枪械斜着
堆放在帐篷前，这样做既显出军纪规整，又能方便士兵们拿取。

起义军中的骑兵。

作战,1911年。

起义者训练备战，1911年。

起义者，1911年。

....

美国摄影师施塔福的照片中记录下了几组炮兵的身影。

作战，1911年。

....

炮兵旁的弹药箱清晰可见。

作战，1911年。

作战，1911年。

························

铁路自近代进入中国以来，便起到了无可替代的作用。对铁路的控制，往往能够决定战争的成败。因此，辛亥革命中有不少战役都发生在当时的京汉铁路沿线。

作战，1911年。

战士们正在将拆毁的铁轨连同枕木放下。

而当时欧美、日本制作明信片、图册，也多刊印此类照片。尤其值得一提的是美国人施塔福（Francis Stafford），他1909年起便受聘于上海商务印书馆担任摄影技师。1911年武昌起义爆发时，施塔福去武汉拍摄新闻照片。因享有外国人特权，施塔福得以进入清军、民军双方营地，实拍了许多历史场面。因此，诸如湖北军政府成立、阳夏战争等场景，皆在其镜头之中。

另一位值得注意的摄影者是英国人埃德温·丁格尔（Edwin J. Dingle）。丁格尔是英国的传教士，他于1884年来到中国，并取了一个中文名字叫丁乐梅。他长期在中国传教，熟悉中国社会，写了不少文章，将中国国内情况介绍给西方世界。

辛亥革命期间，丁格尔作为上海《大陆报》的记者住在汉口，目睹了革命发生初期的种种情况。他利用特殊的身份，奔赴汉口、上海和南京等地，周旋于各派政治力量之间，探寻幕后消息，与起义军最高领导人及清廷官员都有过密切接触。他是最早访问武昌起义都督黎元洪的外国记者。丁格尔不仅用相机拍摄下了当时的革命场景，还写了《辛亥革命目击记》一书，留给后人许多珍贵史料。这本书1912年由上海商务印书馆出版，在上海、伦敦、纽约同时发行。

丁格尔与黎元洪私下关系不错，在《辛亥革命目击记》一书中，他对黎元洪做了如下描述：

中国的革命是世界历史上最令人激动的事件之一。如果没有黎元洪，中国可能不会有这场革命，他的名声现在已传遍了文明世界的每个角落。历史即将证明，黎元洪是中国贡献于世界的最伟大的改革家。他杰出的领导才能以及他领导

1912年1月的黎元洪，此时他刚刚当选中华民国副总统兼鄂军都督。

1912年4月9日，应鄂军都督黎元洪邀请，孙中山率子女孙科、孙娅、孙婉及随员访问湖北。图为孙中山在湖北都督府与欢迎人员合影。前排左二起：孙科、汪精卫、黎元洪、孙中山、胡汉民、李晓生；二排左五起：孙婉、宋霭龄、孙娅；三排右四为廖仲恺。

人民取得迅速改变的例证，使新中华在东西方政治舞台上崭露头角。很少有人能从一个在国家生活中默默无闻之辈变成政治知名度最高的人。很少有人被赋予改变一个民族与整个社会生活发展趋势的重任，在历史上尚无人像黎元洪领导中国革命时做的那样，被赋予重新规划全人类四分之一人口的社会和政治前途的使命。以世界眼光看，他是一个超凡脱俗的人，是他这一代最有成效的改革家。

黎元洪是一个英俊的中国男人。身高约有5.3或5.4英尺，剪掉了大辫子，一头浓密粗硬的黑头发；眼睛微微眯起，不时闪着异常热烈的光芒，他的下巴给人以无比坚毅的感觉，如果不了解他的军队背景，他容易被当作一个富有的中国商人。

1912年孙中山在武昌与黎元洪合影。

到了1912年，黎元洪又更进一步，成为中华民国副总统，兼领鄂督。1912年4月1日，刚刚当选临时大总统没多久的孙中山没有食言，将大总统之位让与逼迫清帝退位的袁世凯。黎元洪此时邀请孙中山访鄂，一来是表示对孙的尊重，二来更是借机扩大一下自己的影响力。

有人说，1893年孙中山在广州行医时，黎元洪正在"广甲"舰当管轮。舰上有士兵病了，黎元洪就请孙中山上舰看病，两人的第一面就是这样见的，不过当时他们并没有深入接触。等到了辛亥革命之后，孙中山当了大总统，黎元洪当选为副总统，一个在南京，一个在武汉，两人仍旧未见面。直到这次，黎元洪邀请孙中山来武汉访问，并热情接待了他，两人言谈甚欢，才算是正式相见。孙中山、胡汉民都非常肯定黎元洪的功劳，甚至称赞他为"民国第一伟人"。而1912年10月辛亥首义周年庆典之时，成立于1861年的武昌显真楼照相馆还曾专门摄制过一批孙中山和黎元洪的照片并大量出售，深受市民的欢迎。

不管是不是床下都督，黎元洪的"十月革命"都足以让人铭记。

第四章

黎元洪与袁世凯

> 黎袁二人的关系绝非一般，他们既是儿女亲家，也是互相敬重的老朋友；既是政治上的伙伴，更是一对不折不扣的敌人。

袁世凯"请君入瓮"

时常有人问，黎元洪对袁世凯到底是什么态度？这个问题，还真不是一句两句能说得清的。

作为中国近代史上两位重量级的人物，黎袁二人之间的关系绝非一般。他们既是儿女亲家，也是互相敬重的老朋友；他们看起来像是政治上的伙伴，但其实更是一对不折不扣的敌人。

黎元洪有一个绰号叫"黎菩萨"。"菩萨"之名，谓其面善，脾气好，气度雍容，像一尊菩萨。历史中的黎元洪，有时候的确有些"菩萨心"。

英国摄影师埃德温·丁格尔在其1912年出版的《辛亥革命目击记》一书中，对黎元洪1911年底时的心态做了翔实的记录：

"不要再犹豫了，赶快行动！"黎元洪给袁世凯写道，言辞恳切地请求袁加入革命党。

黎元洪的信中充满了协商的语气："全国同胞，仰望执事者久矣。请勿迟疑三思，有失本来面目，则元洪等所忠告于执事者也。"

"您会推荐谁成为总统——也许是袁世凯？"我问。

"啊，不。"黎迅速答道。在相当长的一段时间里，黎元洪曾竭力说服袁世凯转向革命党一边，并承担建立民国的任务。但他的努力被袁顽固地拒绝了。"我们一定会扫除清政府，我想袁世凯不会变成我们的总统。"说到这里，将军停止了谈话，我等着听他讲更多关于袁世凯的评论，却变成了枉费心机。

过了一会儿，我暗示说："但袁世凯是您的密友，是不是呢？"

"不，我不把袁世凯当作朋友，我只是认识他，但我并不很了解他及他现在对中国的野心。你知道，他不会听我的建议。"

"对。但外国报纸上报道，因为袁世凯是您的私人朋友，将会变成首任总统。"

"他们是这样讲的吗？我不知道。也许袁世凯会在共和派中获得高位，但他现在只是在观望。"黎将军举起他的手，坐在椅子上来回晃动来帮助表达他的意思。

黎元洪的儿子黎绍基在关于自己父亲的传记中，提到此事时这样表述：

中华民国虽然正式成立并被各国承认，但国家仍然处在极度的混乱之中。而袁世凯又是一个有权势欲的野心家，不管是谁被认为有妨碍他时，就一定会被他从有权势的地位上赶走。

……

我父亲完全了解到国家当前迫切的问题是建设而不是破坏。新建立的共和国是在革命中诞生的，所受的创伤尚待医治，而更多的破坏对国家的发展则是有百害而无一利，只会把余下的国力消耗殆尽。我父亲有鉴于此，便决心实现国家的安定。他比以前更加负责，操劳。尽管他将大元帅的职务让给了袁世凯，但他仍然得到各省的信任和支持。尤其是他过去的声誉产生了良好的结果，使他发出的每一份通电都得到赞许，遂使一些困难逐渐得以解决。

1913年的秋天，举行正式总统选举，有人建议让我父亲出任总统，但他为了国家的利益而拒绝了。于是在中华民国国会第一次正式选举中，袁世凯当选为正式大总统，我父亲当选为副总统。当时，由于我父亲操劳和关心国事，致使他的健康情况不佳，适当的休息对他来说是有利的，于是他辞去了湖北都督的职务而前往北京担任副总统，并同时兼任参谋总长和参政院院长。

依湖北方言，"黎"与"泥"同音，因此黎菩萨有时也被唤作"泥菩萨"。不过"泥菩萨"却有戏谑之意，如俗语所云：泥菩萨过江，自身难保。咱们的这位"泥菩萨"，也确实有自身难保时。

辛亥革命，武昌首义，有三位革命党人居功至伟，他们是孙武、蒋翊武和张振武，人称"首义三武"。这其中最值得一提的就是张振武。

张振武是湖北罗田人，武昌首义成功，他担任鄂军都督府军务部副部长。此人个性耿直，桀骜不驯，根本就没有将黎元洪这个由革命党人用枪杆子逼出来的都督放在眼里，这令黎元洪颇为不爽，两人矛盾由此激化。

1912年8月初，张振武应袁世凯邀请入京。10日，张振武刚抵京，次日，黎元洪就以"怙权结党，桀骜自恣，蛊惑军士，勾结土匪，破坏共和，倡谋不轨"的罪名，密电袁世凯，请求将张振武"立予正法"，"其随行方维，系属同恶相济，并乞一律处决，以昭炯戒"。黎元洪祭出此举，可谓一石二鸟，

张振武

既可除去宿敌，又可将可能引发的革命党人的怒火烧向北京。不过，黎元洪的这等心思，哪里能瞒得过袁世凯。袁世凯对南方各省，特别是湖北的一举一动，十分关注。黎元洪在武汉以副总统兼领湖北都督，并握有军队实权，武汉成了南方各省革命势力的中心，革命党人也逐渐到此地聚集。袁世凯早就心有顾忌，一直想染指湖北，现在黎元洪主动送货上门，袁世凯当然不会放过这千载难逢的机会。让袁世凯杀张振武，当然可以，这还是帮袁世凯扫除一道障碍呢，但是，让袁世凯替黎元洪背黑锅，却是绝对不可能的。

因此，袁世凯一面捕杀张振武，一面将黎元洪的密电一字不漏地予以公布，将黎元洪推入革命党人抨击的漩涡，并引发了弹劾内阁的政治风潮。

对于张振武案，同为革命党主力的刘成禺在《世载堂杂忆》中曾谈到，张振武被杀当晚，袁世凯的心腹陈宦去见袁说："此一举可张大总统之声威，隳副总统之名望，人必谓张、方被戮，黎元洪杀之，非大总统杀之也。藉此可易湖北都督。武昌方面，革命文武人物，推戴副总统者，群相解体矣。"

这一下，黎元洪这个"泥菩萨"可是不好办了。

张振武一案，黎元洪本想利用袁世凯除去异己，却没有料到反被袁世凯利用，使袁世凯成了大赢家，既打击了革命党人，离间了黎元洪与革命党人的关系，又掌控了黎元洪。处于政治风暴漩涡中心的黎元洪，既不为革命党人所容，又不为本党同志所谅。"泥菩萨"为了能"顺利过江"，被迫投靠袁世凯，以保全自己的地位。而袁大头这招"请君入瓮"，算是成功了。

袁世凯"调虎离山计"

1913年3月，宋教仁被刺，不少人认为刺杀行动是受了袁世凯的指使。

针对全国滔滔不绝的讨伐袁世凯的怒潮，黎元洪一方面极力为袁世凯曲意辩解，另一方面一再提议和平解决宋案，反对南方用武。表面上是为"巩固共和，维持大局"，实则是替袁世凯转移视线，开脱罪责。

随后不久，"二次革命"爆发，袁世凯手下的北洋军要消灭江西国民党军队，地处交通要冲的湖北就成了北洋军的必经之路。得到黎元洪的邀请，北洋军通过京汉铁路源源不断地南下湖北。不仅如此，黎元洪还令汉口镇守使杜锡钧设立粮台，为北洋军提供后勤保障。将湖北作为北洋军镇压国民党军队的基地。

除提供军事便利外，黎元洪还一再向袁世凯进忠表愿，以利袁世凯放心采取军事行动。正是黎元洪的一再表忠，使袁世凯没了后顾之忧，得以放手对南方采取军事行动。

但很可惜的是，黎元洪这些明显亲善的举动仍旧未能赢得袁世凯的充分信任。在袁世凯的眼中，黎元洪虽然不算革命党，但毕竟不是北洋军政集团的人。更令袁世凯感到不安的是，黎元洪打着支持袁世凯、支持中央政府的旗号，在排斥当地革命党的同时也暗中发展了自己的势力，譬如黎当时在湖北就握有四个师的兵力，而且还先后被推为共和党、进步党的理事长，政治影响力不可小觑。

在"二次革命"后，湖南、江西、安徽等省都换上了北洋系的人，既然袁世凯要在战略上控制南方各省，湖北当然也不能例外。何况，武汉乃是九省通衢，具有非常重要的战略位置，倘若不将黎元洪调出湖北，解除兵权，他对袁世凯来说终究是个隐患。因此，在黎元洪正式当选为民国副总统之后，袁世凯先后四次邀请黎元洪进京，表面上是要求黎元洪履行副总统职责，实际上是要将黎元洪置于自己的控制之下。

所谓"有兵才有权，有地盘才有势力"，黎元洪在当上湖北都督后，也深知控制地方对个人权势的重要性，对袁世凯的调虎离山计也是心知肚明。对于北上一事，黎元洪想方设法，一拖再拖，死活不肯离开湖北半步，他非得以民国副总统的名义兼任湖北都督——副总统可以不做，湖北都督不能不当。黎元洪也是个精明人。袁、黎两人就这样杠上了。

袁世凯见黎元洪不肯轻易就范，便派出段祺瑞去湖北办这趟差事。1913年12月8日，段祺瑞来到武昌，专程来接黎元洪赴京。可怜黎元洪还没有来得及跟家人道别，便被段祺瑞半推半送地弄上火车，即刻赴京去了。黎元洪在临走之前，还幻想能够再回来当他的湖北都督，于是将湖北都督府的事宜暂时委托给了参谋长金永炎。但他哪里想到，他前脚一上车，袁世凯的电令后脚就到了：陆军总长段祺瑞代理湖北都督。两个月后，段祺瑞已经将湖北的军队裁编得差不多，湖北已经没黎元洪什么事儿了。

12月11日晨，黎元洪到达北京，袁世凯也很给面子，派出了总统府军事处总长、侍卫武官、承宣官及全体国务员、各部代表到车站，就连袁世凯的长子袁克定也作为袁世凯的代表前去迎接。车站周围两百步内都有军警站岗，闲人不得入内；袁世凯还派出一营拱卫军列队迎候，持枪致意，以示隆重。最离奇的是，袁世凯居然派出曾经迎接孙中山的那辆金漆朱轮双马车，让黎元洪过过国家元首的瘾。等到黎元洪去见袁世凯的时候，那简直比见段祺瑞还要谦恭十倍。按当时人的描述，黎之见袁，简直就是"一极可敬之少年见一极尊严之长辈"。

最值得一提的还得说是袁世凯给黎元洪安排的住处：南海瀛台。瀛台位于新华门总统府内的东北处，四面环水，虽然风景甚佳，但终究是当年慈禧太后软禁光绪皇帝的地方，未免有些不吉利。对于这个典故，袁世凯岂能不知。对于此种安排，袁世凯的解释是：一来这里位居中南海，与自己的大总统办公室相邻；二来瀛台四面环水，清静幽雅，可以防止外人打扰。他为了避嫌，早已命人将这里打扫干净，并换了一块匾额叫"小蓬莱"。而黎元洪的家眷，也在不久后一起住进了南海瀛台。

至于黎元洪从湖北带来的少数随行人员，并没有入住"小蓬莱"的资格，他们大都被安置在东厂胡同的将校俱乐部。由此，黎元洪也就失去了耳目，真的和当年的光绪皇帝差不多了。

入住之初，黎元洪也曾尝试着摆脱这种类似于当年光绪皇帝的处境。为此他多次向袁世凯提出，希望自己以"答谢各国承认民国专使"的名义周游列国，可即便如此老袁也始终没有答应。无奈之下，可怜的"黎菩萨"只好安下心来做他的副总统兼参谋总长。这两项职务听起来很荣耀，几乎是一人之下万人之上了。尤其在生活待遇上，袁世凯给予了黎元洪相当优厚的待遇，每月薪俸1万元（仅次于袁世凯），办公费2万元。光这两项，黎元洪每月便可拿到3万元。可是黎元洪本人心知肚明，所谓副总统不过是个摆设，就连那个参谋总长的职权实际上都是由袁世凯的亲信、参谋次长陈宦代行。黎元洪的生活，每日不过散散步、读读书、看看报、写写字，真是优哉游哉，活脱脱一个政治寓公。

这还不算完，为了更好地控制黎元洪，袁世凯还提出两家换亲，即黎元洪的长子娶袁世凯的女儿，袁世凯的儿子娶黎元洪的女儿。这个计划的前一部分由于黎元洪的夫人强烈反对而未果，而后一计划则顺利实施，只可惜最后这桩婚姻以悲剧收场。黎元洪当时只有8岁的小女儿黎绍芳与袁世凯的第九子袁克玖定亲后，终于因为这场政治婚姻的不幸福而郁郁寡欢，最终发展

1913年黎元洪离鄂赴京前所摄。

....

合影中人物,前排右起：王安澜、蔡汉卿、崔
振魁、朱瑞、时象晋、李钦、黎元洪、陶凤
集、王占元、黎天才、唐仲寅、石星川、金
永炎、孙发绪；后排右起：夏炎甲、阮岳松、
万德尊、曹宝江、？、萨镇藩、孙武、杜锡
钧、？。(其中标"？"之二人为未能辨识者。)

成精神病并死于精神病院。

正如黎元洪在《致鄂中父老》电文中说的，"遥望汉江，不禁泪下"。身在北京，他每当遥望湖北时，想必都会感慨万分。而黎元洪这尊"泥菩萨"，是采取的怎样一种方式才渡的江，恐怕只有他自己能体会。

黎元洪的湖北班底

王安澜，湖北枣阳人。曾以秀才身份在黎元洪部下马队当兵，先代理文书，后升执事官。1911年武昌起义，随黎元洪进都督府，成为黎元洪心腹，对黎元洪转向革命起到了积极作用。1912年3月为第六镇（师）统制。后被北京政府授为陆军中将。

蔡汉卿，湖北黄陂人，在黎元洪标的二营任司务长。蔡参加革命团体，力主并力促共进会和文学社联合共起大事，还参加了起义计划的制定。武昌首义时，蔡汉卿向清总督衙门打响了第一炮，人称"蔡一炮"。

崔振魁，京兆武清县（今属天津）人。曾任京师警察厅科长。1919年任湖北全省警务处处长、湖北省省会警察厅厅长。

朱瑞，浙江海盐人。光复会成员，民国初期浙军的创建者和领导人之一。任陆军第二十一镇第八十一标代标统，曾参加光复南京战役。民国成立后，任陆军第五军军长，浙江都督兼省民政长。

时象晋，湖北枝江人，同盟会会员，1909年当选湖北谘议局议员。武昌起义期间担任红十字会会长，奔赴前线救护民军伤员。武昌起义成功后，时象晋任湖北省临时议会副议长、湖北军政府外交部参议、湖北军政府教育司副司长。南北议和时为湖北军政府代表之一。

李钦，湖北武昌人，早年加入共进会。武昌起义后，历任湖北都督府参议、湖北省财政厅代理厅长。

陶凤集，湖北南漳人。1911年，奉命回国做武昌起义的准备工作。武昌起义胜利后，赴上海，邀请各界代表赴汉开会，共商国是。

王占元，河北省邯郸人。1895年选入袁世凯的北洋新军，累升为湖北督军。武昌起义爆发，率军随荫昌的第一军南下，17日开抵汉口附近与民军作战。1912年1月1日民国成立，2月，王占元与段祺瑞、何丰林、李纯、鲍贵卿等几位将领自信阳电奏清帝退位。

黎天才，云南丘北人，辛亥革命时参与光复南京之役。1912年，授陆军中将。

唐仲寅，湖北天门人，湖北参议会秘书长，少将军衔，担任黎元洪副官。

石星川，湖北阳新人。早年留学日本陆军士官学校，辛亥革命爆发后归鄂，被黎元洪任命为湖北陆军第一混成旅旅长。1912年，擢任第一师师长，驻武昌。

金永炎，湖北汉阳人，毕业于日本陆军士官学校四期。1912年任南京临时政府军官学校校长。1913年5月调任鄂军都督府参谋长。后任黎元洪总统府高等顾问，授陆军中将衔。与丁世峄、哈汉章、黎澍共同参与策划黎元洪的一切政治活动，是黎元洪幕僚中所谓的"四大金刚"之一。

孙发绪，安徽桐城人，早年入皖府朱家宝幕，武昌起义时被黎元洪委任为顾问。1912年1月在上海发起成立民社。

夏炎甲，湖北黄陂人，湖北巡警厅厅长，黎元洪秘书。

万德尊，湖北潜江人，其子为当代著名作家曹禺（本名万家宝）。毕业于日本陆军士官学校，民国初年授陆军中将，曾任黎元洪秘书。

曹宝江，湖北武昌人，湖北军政府顾问、实业部副部长。

孙武，湖北夏口人，武昌起义领导人之一。湖北军政府军务部部长，1912年3月自行引退。

杜锡钧，河北故城人，毕业于日本陆军士官学校。留学期间参加同盟会，回国任湖北新军第八镇参谋官、三十标三营管带。起义后出任革命军第二协协统，武昌军政府军令部部长，为军政府都督黎元洪之有力臂助。南北议和后出任湖北省汉口镇守使。

毫不含糊反对袁世凯称帝

武昌起义爆发后，在革命党人枪口的威逼下，原本与革命八竿子打不着的黎元洪被迫出任湖北军政府首脑，就这样糊里糊涂走上了革命道路。不过一旦进入角色，老黎也毫不含糊，显示出较强的敬业精神。既然认定了共和事业，他便将自己的余生都致力于维护法统，反对专制，为此他曾颇有豪气地说："谁无肝胆？谁无热诚？谁不是黄帝子孙？岂甘作满族奴隶而残害同胞？洪有鉴于此，识事体之大有可为，乃誓师宣言，矢志恢复汉业，改革专制政体，建立中华民国。"纵使黎元洪对民主共和的理解不深，还做过割据争雄的迷梦，但他深信一点：中国百姓已经抛弃了帝制，复辟帝制在中国行不通。

还有一点，想必是让黎元洪相当欣慰的。尽管黎元洪本人手无实权，但他在民间的威望却始终居高不下。号称"民国祢衡"的国学大师兼革命元勋章太炎，向来喜欢骂人，身为大总统的袁世凯也曾被其屡次痛骂。可这样一位个性张扬的人物，却惟独对黎元洪高调歌颂。早在1912年7月，黎、章二人在武汉相识不久，章太炎就对黎元洪的品德推崇备至，在报纸上撰文称："黎公年四十九，体干肥硕，言词简明。秘书、参议衣月良不华，每日至黎公座次关向文件，一席之间八九人，皆执莲柄薄葵扇。黎公亦时握焉，其所着西装制服以粗夏布为之。自都督至州县科员，皆月支薪二十元。"1914年3月，在进中南海对黎元洪采访后，著名记者黄远庸以大段篇幅描述了黎元洪难得的品格："黎副总统到京时，适记者南行，今记者既到京，则吾曹新

1914年7月，中华民国参政院全体合影。

中华民国参政院是依据1914年5月1日公布的《中华民国约法》（即袁记约法）而设立的临时立法机构，存在于1914—1916年。参政院本来是代行立法院职责之机构，不过直到其撤销为止，立法院都未成立。图中前排右八为院长黎元洪，右九为副院长汪大燮，右七为徐世昌，左三为段祺瑞。

袁世凯着礼服像。

1914年冬至，袁世凯举行祭天仪式。

....

左二白胡须看镜头者为袁世凯。他头戴平天冠，身着衮服，衮服上有帝王才可使用的十二章纹图案，其称帝之心昭然若揭。该照片为美国摄影师约翰·萨布鲁姆所摄，此人曾于1913—1920年间在北京开了一家照相馆，据说他还曾担任过末代皇帝溥仪的御用摄影师。

1914年冬至，袁世凯在天坛圜丘效仿古代帝王祭天，这是祭天官员各就各位，准备开始祭天仪式。（约翰·萨布鲁姆摄）

闻记者对此德望并隆中外钦仰之伟人，不能不表示一番敬意。……余归后，有某君问余以谒见黎公后之所感，余方嗫嚅无以形容，某君即谓其天真照人处最为可慕。余不觉点首。呜呼，神圣哉，优美哉，此天真也。"

自1914年起，关于袁世凯复辟帝制的风声就已经开始流传。这年冬至，袁世凯来到北京南郊的天坛，像古代帝王一样在圜丘举行祭天大典。燔柴、初献、亚献、终献、饮福受胙、撤馔、望燎，这些十几年前甚至上百年前曾经一次次在天坛重复出现的仪式，居然在中华民国时期又出现了。黎元洪当时就对媒体说："目前国情，以统一及安定民生为主。若全国统一，国会告成，项城如有野心，变更国体，即为违反约法，为国民公敌，不啻自掘坟墓。我当追随国人之后，誓死反对。即便我毁家灭身，继起者也必大有人在，中华民国断不至于灭亡。""泥菩萨"后来果然没有食言，誓死捍卫着民主共和这面大旗。

时光进入1915年，眼看袁世凯复辟帝制的步子越迈越大，老好人黎元洪终于沉不住气了。事实证明，一旦突破心理底线，即便是被称为"泥菩萨"的老黎也敢不计后果地发飙。

黎袁之间的终极大戏，就这样开始了。让我们看看当时的历史究竟是怎样的：

> 到京后，两年的安定生活，使他得到休息而健康逐渐恢复。
>
> 1915年6月，袁世凯准备帝制自为，后来并封我父亲为武义亲王，我父亲不仅予以拒绝，而且发誓永不承认袁世凯为皇帝。但是，袁世凯执迷不悟，终于自称皇帝。随之而来

的是一种什么样的不幸后果，已众所周知，无需我再在这里
重费笔墨。袁世凯是有很大权势的，因他手下有一支供他指
挥的军队。而我父亲当时已无权力，况且袁世凯派兵监视
他，使他失去了自由。尽管如此，我父亲仍坚持不承认帝
制，而且从这时起，他甚至拒绝接受他的薪俸。

——黎绍基《黎元洪传略》

1915年10月1日，农历乙卯年八月二十三，星期五。

这一天，中南海总统府的工作人员匆匆将一份辞呈送到袁世凯的面前。而辞呈的主人同样在中南海内（四面环水的瀛台庆云殿内）办公，中华民国副总统黎元洪正静静地等待批复。袁世凯打开辞呈一看，黎副总统无非就是一堆借口，说自己水平有限、才疏学浅、力不从心、夫人身体不好等。其实这个意思，老黎此前已当着袁总统的面提过好几次了，只不过每次后者都打哈哈敷衍过去。要知道，如今正是自己手下一班人筹划帝制的关键时期，如果像黎元洪这样德高望重的民国元勋甩手不干，那自己将如何向民众和舆论交代？

当然，对于黎元洪坚决要求辞职的真实意图，袁世凯本人也是心知肚明的，不就是对自己紧锣密鼓准备称帝表示不满吗？不过他怎么也没想到，一向被戏称为"泥菩萨"的黎元洪如今居然也有发飙的时候！

据黎元洪的后人回忆，当年老袁紧锣密鼓地准备复辟称帝时，有一次他亲自去瀛台拜访黎元洪并试探其态度："近来有许多人要我做皇帝。亲家，你看怎样？"不料后者当即措辞激烈地说："辛亥革命为推翻帝制、建立共和，死者何止千万，如今大总统回头再做皇帝，如何对得起这些先烈？"与

此同时，黎元洪还毫不妥协地同鼓噪帝制的政客们斗争。据说在参政院会议上，他每每不给面子地对帝制党的论调反唇相讥，结果多次遭到攻击和漫骂，最终不堪忍受的他坚决要求辞去副总统和参谋总长的职务。从这年9月开始，黎元洪就拒绝出席参政院会议，甚至向袁世凯提出希望能回原籍黄陂养老。在正式提出辞呈的同时，"黎菩萨"还可怜巴巴地请求袁世凯准许他迁出中南海，另觅他处居住，其理由则是四面环水的瀛台冬天过于寒冷，而自己的夫人本来就有病，实在受不了严寒。事情到了这一步，老袁再要拘着黎元洪不放，就未免太不通人情了。于是他大笔一挥，令其子袁克定花十万大洋购买下地处王府井北端东厂胡同的荣禄旧宅，加以改造后无偿赠送给黎元洪居住。而对于黎元洪的辞职请求，袁世凯则始终不予批准。

迁居到新的住宅后，获得自由的黎元洪自然心情大好。从此远离中南海的政治是非，他开始闭门谢客，对袁世凯导演的复辟帝制逆流也冷眼旁观，不再过问。从11月起，黎元洪就拒领副总统薪金，并坚请裁撤副总统办公室，同时不断向参政院请辞。至于损失每月三万块大洋的巨额薪水，他也毫不在意。

1915年12月13日，袁世凯正式就任皇帝，改元"洪宪"。两天后，他发布的第一道敕令就是册封黎元洪为"武义亲王"，以表彰其武昌首义、恢复华夏汉土之功。对于这样的殊荣，当时许多政客可谓梦寐以求。敕令中称："黎元洪着册封武义亲王，带砺山河，与同休戚，懋名茂典，王其敬承。"显然，政治智商极高的老袁就是想把德高望重的"武昌首义元勋"拉下水，从而利用其影响力为自己"民国变帝国，总统变皇帝"的戏法造势。

但令袁世凯万万没有料到的是，"黎菩萨"这回骨头真的硬气起来了。册封令颁布后，文武百官在国务卿陆徵祥的带领下到东厂胡同黎宅祝贺，陆说："大总统以阁下创造民国，推翻满清，功在国家，故明令晋封为武义亲王以酬庸，特率领在京文武首领，恭谨致贺，恳即日就封，以慰全国之望。"不料黎元洪却当场回答说："大总统虽明令发表，但鄙人决不敢领受。盖大总统以鄙人有辛亥武昌首义之勋，故尤于褒封。然辛亥起义，乃全国人民公意，及无数革命志士流血奋斗，与大总统主持而成，我个人不过滥竽其间，因人成事，决无功绩可言，断不敢冒领崇封，致生无以对国民，死无以对先烈。"说完就退入内室不再露面，陆徵祥等人只好悻悻而去。随后黎元洪又命手下草拟了一份声明，公开表明了自己的态度："武昌起义，全国风从，志士暴骨，兆民涂脑，尽天下命，缔造共和，元洪一人，受此王位，内无以对先烈，上无以誓神明。愿为编泯，终此余岁。"尽管也有亲信幕僚规劝其从人身安全的角度考虑，不妨暂且忍耐以便将来从长计议，但大事不糊涂的黎元洪却断然回答说："你们不要说了，我意已定，决不接受，即牺牲个人，亦所甘心。"

陆徵祥一行吃了闭门羹后不久，不死心的袁世凯又派裁缝前往黎府，准备为黎元洪量身订做亲王制服，结果也被赶了出去。之后当袁世凯送来写有"武义亲王开拆"字样的书信时，黎元洪则一概不收。

12月19日，袁世凯再次命令九门提督江朝宗前往黎府宣封，黎元洪这次干脆避而不见。不料江朝宗竟赖着不走并长跪高呼"请王爷受封"，于是黎元洪大怒，他从房间疾步而出，指着江朝宗的鼻子大骂："江朝宗，你怎么这么不要脸，快快给我滚出去。"当袁世凯的亲信梁士诒前来道贺时，黎元洪甚至指着客厅中的一根石柱对梁士诒说："你们如果再逼我，我就撞死给你们看！"总之，当袁世凯企图埋葬共和体制时，黎元洪一改往日的"菩萨"性情，表现出了罕见的刚烈，并在日后蔡锷发起护国运动时表示拥护。

　　看到黎元洪如此激烈的反应，北洋集团内的一干强人不禁在私下里感慨，原以为"黎菩萨"对袁世凯只会唯唯诺诺，不敢发表异见，却不料居然在最关键的问题上发了一回飙，看来真是人不可貌相呐！

　　时间来到1916年3月，鉴于全国反对帝制的声浪越来越高，西南诸省讨伐大军兴起，许多北洋嫡系纷纷背离，走投无路的袁世凯只得于22日下令撤销承认帝制，仍称大总统。在此情形下，应袁世凯的请求，黎元洪再度走到前台，谋求民国政局的稳定。23日，他与徐世昌、段祺瑞联名致电蔡锷等希望停战。仅仅过了不到3个月后，忧惧交加的袁世凯于6月6日一命呜呼，将北京的烂摊子留给了后人。根据袁世凯的遗命，黎元洪以副总统资格代行大总统职权。次日，黎元洪继任大总统。

　　令人感慨的是，黎元洪上任后所颁布的第一道命令就是厚葬袁世凯，命令称："民国肇兴，由于辛亥之役，前大总统赞成共和，奠定大局，苦心擘画，昕夕勤劳。无不假年，遘疾长逝。追怀首绩，薄海同悲。本大总统患难周旋，尤深痛怆。所有丧葬典礼，应由国务院转饬办理人员，参酌中外典章，详加拟议，务极优隆，用副国家崇德报功之至意！"在他的操持下，北京政府花巨资风风光光地为袁世凯举行了葬礼。不过当时许多亲历者证实，当袁世凯的灵柩被抬出中南海时，黎元洪并未在执绋送殡的人群中露面——他只是在灵柩运出新华门的那一刻才姗姗而至，在向袁的灵柩行了鞠躬礼后便转身回办公室去了。另外一个细节也颇耐人寻味——黎元洪以个人身份向袁家致送的奠仪为十万元，恰好是袁世凯当初为他购买东厂胡同住宅所花的钱！

　　这就是黎袁之间的一段往事。一代枭雄袁世凯，终因洪宪帝制被人民所唾弃，而泥菩萨过江的黎元洪，则因反对复辟而青史留名。

第五章

一度总统

黎元洪的『一度总统』之任，基本上可以看作是他与段祺瑞之间的『二人转』。这一年多里，黎菩萨可真是没少留影。

南苑大阅兵

　　1916年6月6日，袁世凯病亡。按照约法和选举法的规定，大总统因故出缺时由副总统代理。黎元洪成为袁世凯之后排名第一的大总统人选。他非北洋嫡系，亦无军队实力，对手环伺，如何在诸多北洋军阀的虎视眈眈中坐稳总统宝座，确是一个难题。被推到前台的黎元洪，处在新旧夹缝之间，在那个武夫当国的时代，这样一位相对"柔暗"的总统，很快就要应对一个人的挑战，这个人便是有"北洋之虎"称号的段祺瑞。

　　而黎元洪的"一度总统"之任，也基本上可以看作是他与段之间的"二人转"。

　　据黎元洪的长子黎绍基记载，黎元洪的总统地位是在段祺瑞的许可之下取得的：

> 据后来张国淦对我说，段祺瑞曾召集幕僚整整开了一夜
> 会，商讨要不要让副总统黎元洪继任总统，段祺瑞手里拿着
> 毛笔，想不出好主意，最后把笔向地上一甩说："好吧，去
> 接他来吧！"

约法和选举法，都抵不过段祺瑞的一句话。而段祺瑞这一"甩笔"的动作，足见黎元洪在政坛上的地位有多么卑微。

1916年6月7日上午10时，黎元洪在东厂胡同就职。他的总统就职典礼，可谓极为简略。只有黎府门前悬挂的两面五色旗，和东厂胡同两端停放的十几辆汽车、马车，才显示出本宅有大事发生。在典礼仪式即将举行的客厅内，也只是临时悬挂了几面旗帜。厅北面放了一具屏风，厅中站了一队军乐队，没有前来祝贺的外国使节和各界精英，唯有段祺瑞及内阁阁员出席。10时10分，黎元洪穿着军服在数名幕僚和军官的簇拥下来到厅中。他站在屏风前，向排列侍立的阁员鞠躬，各部长也向黎鞠躬三次。接着黎元洪发表了就职宣言，典礼便结束了。

在这天，黎元洪将继任一事通告中外，再次表示维护共和国体和建设法治国家的愿望。他在通告里说："自惟德薄，良用兢兢，唯有遵守法律，巩固共和，期造成法治之国。"他踌躇满志，准备重开议会，恢复被袁世凯中断的民主政治。

不过，事情哪有他想象的那么简单！黎元洪继任总统，有个非常重要的

问题被摆到了台面上，那就是，它到底是遵从的哪部约法呢？是1912年的约法？还是1913年袁世凯的约法？

当时，社会各界，尤其是在袁世凯尚未归天时就已经宣布奉黎元洪为总统的护国军，自然是支持1912年的约法。然而，以段祺瑞为首的北洋派哪里肯轻易交出自己的权力。他们清楚，一旦依了1912年的约法，不光自己地位不保，以国民党员为首的国会也会重新占据上风，整个北洋系估计都会玩儿完。北洋派当然不会让这种事儿发生。

黎元洪明白，自己能够当成这个总统，段祺瑞的拥护很关键。为了维护双方的这种关系，黎元洪任命段祺瑞为国务总理，并组织责任内阁。不管过程有多么坎坷，黎元洪的第一度大总统生涯，终究是开启了。

如果说黎元洪一度总统生涯中有哪些高光时刻，那非南苑大阅兵莫属了。

1916年10月10日，是辛亥首义5周年纪念日。自1912年中华民国改元以来，双十节从未被好好庆祝过。这一次，大总统黎元洪做出决定，要隆重庆祝一下这个节日。为此，北京的农事试验场（今北京动物园）、中央公园（今中山公园）、古物陈列所（后被并入故宫博物院）均对北京百姓免费开放一日。

不仅如此，黎元洪还决定，在北京南郊的南苑举行阅兵。南苑在清代时是皇家狩猎的园囿，同时也是练兵和阅兵场，说它是我国历史上最负盛名的阅兵地点，绝对不为过。在中国，阅兵历来被看作是凝聚国家力量、彰显军队威严的一项重大活动，古代如此，当代如此，在民国时自然也是如此。

黎元洪就职时的低调谦卑并没有换来段祺瑞对他的信任，因为黎元洪不是北洋系的人，所以段祺瑞便处处与他作对，让黎元洪这个总统当得各种不顺心。而对于一直以来手无实权的黎元洪来说，举行阅兵无疑是显示其军事实力，并向段祺瑞给以震慑的一次绝佳机会，因此他自始至终都对此事极其看重。

这次阅兵仪式，当时的北洋政府对所有到场观礼者制定了严格的规章制度。共计有如下几条：

一、各参观员上午十点半钟到场。自十一点钟起，前往南苑之马车及小火车，一律暂止交通。

二、南苑火车准于十日上午八点九点，分两次由永定门外车站开赴南苑。凡持有入场券者，均可乘坐，不取车资。

三、各参观员无论乘火车乘马车，下车下马后，均应按一定路线，步入操场彩门。所乘汽车、马车、马匹或人力车，均应驶入指定之停车场内（下车马处及停车马处均有标识）。

四、在场内参观地点，竖有标识，各有一定范围，勿任意移动，免致哨兵干涉。惟特任官及陪观员，于演排时得入演武厅陪视（入场券盖有准入演武厅戳记），由陆军部派员在演武厅各道口招待。

五、场内餐棚，备有茶点。在大总统阅兵或休息时，及大总统离去操场后，各参观员得随便入棚息食。

六、餐棚后设有厕所，不得任意在外便溺。

七、参观员之仆从，一概在停车场静候，不得随便移动及喧哗。

八、其余各项规则，均载在入场券内。

阅兵前副官牵来蒙古马请黎大总统上马。

着大元帅礼服的黎元洪。

从以上细则可见，北洋政府安排非常周密，甚至连"不得任意在外便溺"都考虑到了。阅兵开始，黎元洪和一众官员乘马从演武厅前往检阅现场，然后分由陆军方阵、骑兵方阵、炮兵方阵、工兵营和机关枪营列队接受检阅。值得一提的是，还有飞机首次参加了阅兵。

据1916年10月10日《申报》报道：

> 国庆日当天天朗气清，惠风和畅，旭日当空，浮云尽扫。清晨六七点钟，正阳门大街马路两旁便已经军警森立。各界人士拥于店肆之前，万头攒动，争看黎总统颜色。只见白缨紫缨，蓝衣黄衣，马队步队，佩剑荷枪，陆续前行，绵亘十数里，约计五六千人。而当日北京各军参加受阅的三万余兵士，已于前两夜间开往南苑。兵队过后，又见各高级军官孙武、蓝天蔚、荫昌、江朝宗等过去。旋有汽车一辆，其大可容二十余人。黎段二公，并肩而坐，且行且语，宛如戏剧所谓你我挽手而行者，态度殊为亲密。
>
> 前例阅兵式，系在天安门举行，黎总统则在南苑举行，为实事求是也。惟国会中几因此发生问题。因总统府曾送两院入场券，各数十张。两院议长，因议员人数甚多，仅数十张，无法分配。于是不得已，由议长主张，议长、副议长、全院委员长、各股委员长、秘书长、警卫长等人，各给一张，其余则缴回总统府。是日开宪法审议会，各议员中彼此研究此事，谓两院议长系代表议员全体，应享特别权利，犹可言也。至各委员长等，亦享特别权利，未免于议员中显分阶级。

议长如此办法，实属不妥。况国会以议员为主体，今秘书长警卫长均有权利，而议员独无，岂非荒谬尤甚者乎？再查阅兵参观规则，凡入场券上，未另印准入演武厅字样者，概不得入演武厅。考各国阅兵仪式，议会议院均与国务院平等。所以重外人之观瞻，重立法之机关，不得不如是也。今发交议会之入场券，皆系未印准入演武厅字样者，是一种普通之入场券。将来莅场时，是否如礼招待，殊未可知。因此种种关系，众议院某某数议员，于散会后，往晤汤议长。询其原因，汤云："此次阅兵之入场券，政府所请者只两院议长，其副议长及议员均未柬请。至两院议长之入场券上，另有准入演武厅之戳记。所发交各委员长之入场券，在政府之意，并非请各议员，乃系将券送交本院，听各议员之便。愿参观者即持券前往，故皆系一种普通券也。送到院后，因入场券仅有数十张，又不知谁人愿去参观，不得已，筹一种标准办法。故正副议长委员等有入场券，而各议员无入场券，并非故分阶级也。各议员等既悉此事之内容，遂彼此相约不往参观。

是日阅兵礼节如下：

（一）大总统莅场时，奏军乐，全场官兵行敬礼（官长行撇刀礼，徒步兵双手举枪，乘马兵行马上举刀礼）。总指挥官前进奉迎，报告编入阅兵之部队数目。报告毕，各官兵停止敬礼。（二）引导官在大总统前左引，各指挥官在总统右侧随行，由队头递次巡阅。（三）大总统到离队头二十步（或十五步）时，在队头之营长，下双手举枪口令，并奏号

音。俟大总统去本营队，而其次之营长已下敬礼口令时，停
止敬礼与号音。以下各营均同。（四）大总统到离队头二十
步时，师长应前进奉迎，行撇刀礼，报告本师到场营数。报
告毕，在指挥官之右侧后随行。俟本师部队巡阅完竣后，向
大总统行礼，即回原地。（五）旅长马炮团长工兵机关枪营
长，于大总统到该旅（团或营）队头十步时，前进行撇刀礼，
报告本旅或本团营到场人数。报告毕，其动作与师长同。
（六）大总统阅兵毕。回演武厅后，由总指挥官下稍息命令，
用号音即时变换队形，准备演排。

当日总统阅操极为认真。莅场以后先偕总指挥陈光远步
行巡阅各行列间一周，始就座开操。操毕，即由航空校长秦
君导观校中机厂，并演习飞行。由南苑飞至北京，在先农坛
绕阅数周，距地甚近。先农殿改悬忠烈祠立额，金字蓝地，
颇觉辉煌。由庄蕴宽主祭，城内中央公园、古物陈列所、西
直门外农事试验场，均开放一日。中央园并有农商部林务处
美国学生凌道扬，用种种影片模型演讲森林利益水灾状况，
聚而听者尤夥。红男绿女，画毂朱轮，驰骤连翩于长安道
上，往来如织。回视去年帝制声中之国庆日阴雨竟日，满目
凄凉，路绝行人。民无生气，殊觉气象一新也。

不光是北京，在上海，纪念双十节的活动也是热闹非凡。

护军使署就大厅陈设礼堂，中供今大总统肖像，分列海陆

军旗。所有署门以至礼堂，均悬灯结彩，满扎松柏鲜花，扎成
"国庆纪念"字样，并用五色彩棚，装设电灯，极称烁烂。上午
七时，在龙华操场排列军队，举行典礼式。是日并用师部军旗。

府院之争

然而，很快黎大总统就体验到，他这个国家元首，恐怕多数时候只是个
"橡皮图章"。用著名史学家、《北洋军阀史话》作者丁中江的话说，"黎元洪
是在总统任内没有过一天舒服的日子，因为黎、段之间势成水火，遂致总统
府与国务院之间也无法调和"。国务院秘书长徐树铮——这个段祺瑞的心腹
不久写了一张通知，派人送到新华门总统府传达室，说现在是责任内阁制，
所有总统的信件、包括私信，皆要送到国务院开拆。

一次，徐树铮拿着一份委任状请黎元洪盖总统印，黎问起其人履历，徐竟
然回答道："现在实行内阁制，总统您何必多问，我很忙，您还是快点盖印吧！"
黎愤怒地对左右说："我本来不要做什么总统，你看他们眼中，哪里有我！"

黎段之间的矛盾，终于在1917年到达了顶点。当时，第一次世界大战
正在进行中。4月，段祺瑞在北京召开了一次督军会议，要求总统、内阁
和国会批准中国加入协约国。在参战与否的问题上，国会、各省督军和社
会精英各有立场。国会迟迟不愿审议段祺瑞提交的参战案，军阀们则支持
参战，并主张解散国会。督军团们表示，如果国会不通过参战案，就应解
散国会。黎元洪的回答也少有的强硬："不违法，不盖印，不怕死。"一向
主张将权力交给国会的黎元洪，受到了北洋派的围攻。他断然下令，免除

段祺瑞的国务总理职务。

黎元洪的这一举动，立刻受到了各省督军团的反对，他们纷纷发难，宣布独立，场面一时间不可收拾。此时，安徽督军、长江巡阅使张勋打着"调停府院冲突"的旗号，带着他的两千"定武军"北上。黎元洪万万没想到，这位留着大辫子的张勋可是没安好心。他先是在天津逼迫黎元洪解散了国会，而后一到北京就直奔紫禁城内廷，拥立已经退位5年多的溥仪复辟。

1917年7月1日，12岁的溥仪在乾清宫"二度登极"，位于天安门南的"中华门"又一次挂起了"大清门"的匾额。北京城里，老百姓的家门口再次挂上黄龙旗，而唯有黎元洪的总统府仍然挂着五色旗。

对于溥仪复辟，黎元洪怒不可遏，他骂身边的王士珍"毫无心肝，背叛民国"，又对梁鼎芬说："民国系国民共有之物，余受国民付托之重，退位一举，当以全国公民之意为从违，与个人毫无关系。君欲尽忠清室，当为清室计万全，复辟以后，余对于清室即不负治安责任。"不管是当年袁世凯复辟，还是今天的宣统复辟，黎元洪的态度都十分坚决，这是历史的倒退，他绝对不能同意这种事的发生。

黎元洪立刻重新任命段祺瑞为国务总理，令其讨伐张勋，紧接着又致电冯国璋，令其在南京代行总统职权。此时，张勋的驱逐令也到了。黎元洪从后门出府，赶紧进了法国医院，后又到了日本使馆。很快，张勋倒台，他发现其实自己也被骗了。

为什么这么说呢？因为张勋之所以能够成功复辟，也是段祺瑞手下徐树铮等人给他下了个套。他们承诺张勋支持复辟，可实际上就是拿复辟当个幌子，真正的目的，是赶走黎元洪。这个目的一达到，他们又岂能让张勋的辫子军在北京继续猖狂？

对再造共和的英雄段祺瑞而言，迎回黎元洪当大总统显然比副总统冯国璋继任更为有利。然而此时的黎元洪早已经看破一切，心灰意冷。再加上张勋复辟终归由他援引入京，因此老黎内心不免愧疚。他遂通电自我弹劾，要求辞职下台。

恰在此时，家里的一个卫兵意欲刺杀黎元洪，结果没刺着黎元洪，刺死了卫队官长。黎元洪更是心头一凉，他决定像民国的许多名流和下野政客们一样，不再掺和政治，退居天津做个寓公。

黎元洪辞职后，北洋政府终究还是于1917年8月加入了协约国，对德奥宣战。而后，冯国璋当上了大总统。一些议员在广州集会，成立了广州军政府，由孙中山出任广州军政府大元帅。中国的分裂与内战还在持续着。

与此同时，1917年8月28日，黎元洪正式离京赴津，临走前他还特意嘱咐汤化龙转告段祺瑞："我出京，若段不放心，可命曹锟监视我，我决不离开天津。"

黎元洪住在天津英租界的私宅，自此"息影"津门5年之久。其间，西南军阀反对段祺瑞的风潮乍起，段担心黎元洪被西南方面利用，特地派人到天津接他回京。既然出了火坑，断无再往里跳的道理，黎元洪以"四不主义"作答："一不活动，二不见客，三不回京，四不离津。"当时天津遭遇洪水，段又派人劝黎元洪入京避水灾，黎元洪幽默地答道："我不怕水，实际上怕火，正因为大水之故，忙于救灾救民，分身乏术，无法进京。"

张勋"辫子军"在北京的办事处——定武军驻京转运总局，其实也就是张勋北上赴京的宅邸。其地点位于今北京市东城区北河沿附近的翠花胡同9号。这张照片应当摄于"辫子军"被镇压之后。

张勋手下的定武军，拍摄地点疑似长安左门往东的东三座门。

....

实际上，长时间以来人们习惯以"张勋复辟"来形容这一历史事件，
而真正"复辟"者应当是末代皇帝溥仪。所以，称"溥仪复辟"更为
准确，张勋只是在这场复辟活动中扮演了至关重要的角色而已。

位于北京万寿寺的海甸俘虏收容所。（大约成
立于1917年9月初，于9月14日拘禁奥国驻
我国北京、天津使领馆卫兵共138名。）

....

这些战俘受到的礼遇超出人们想象，他们在收
容所里打网球、踢球、画画、荡秋千、玩保龄
球，过着世外桃源般的生活。除海甸俘虏收容
所外，比较知名的收容所还有位于北京朗润园
的西苑俘虏收容所（今北京大学校园内），位
于南京城北丁家桥的南京俘虏收容所以及东北
的海伦俘虏收容所。

一战战俘收容所。

....

1917年8月，北洋政府正式加入协约国，对德奥宣战。因此，作为敌人的德奥在华军人就成了战俘。
当时政府在北京、南京等地设立了七八处战俘收容所，先后有千余名战俘被收容所收容。

大总统标准像大比武

　　1916年8月23日，北京三家照相馆——太芳、容光和同生——同时"奉
黎大总统命，晋府照像"。其中，太芳照相馆共拍摄黎元洪大总统"全身、
半身、礼服、戎装共十七种，俱用十二寸片"，太芳照相馆深蒙黎元洪大
总统"嘉奖，并蒙赐奖匾'妙术通神'四字"，拍摄一星期后，太芳老板
温章文就推出广告，开始售卖大总统照片："容貌端严，精神奕奕，固是
元首天赋，亦传真者之工良也。凡我同袍，请临敝馆瞻仰风采为盼。"同
生照相馆也在广告中说，大总统肖像的"军、礼各服，俱已印就"，顾客

可以自由瞻观、购买。不过，这次照相比武最大的赢家应该是容光照相馆，一是它在广告中声称"小号所照最佳，荷蒙大总统夸奖"，最重要的是接到了总统府的大额订单："已先定一千二百余张，足见小号工精术美，非他家所及。"

各照相馆齐聚总统府"比武"后，北京政府的很多重大活动都可以有本地照相馆参与拍摄，并且无一例外地被照相馆公开销售。前述1916年10月10日黎元洪在南苑"大阅军操"的活动，就由北京同生和容光照相馆进行拍摄。两店在10月16日还推出了《大总统阅操相片》销售，同生照相馆"计摄得十二寸像片一百余份之多，并皆佳妙精巧异常"，除了同城可以上门购买，外地还可以"函商邮寄"。

黎元洪的一度总统结束了，其任职时间虽仅一年有余，却着实给我们留下了不少东西，这其中最重要的就是黎公本人的肖像。这一年多，"黎菩萨"可真是没少留影。

而更为有意思的是，黎元洪一度总统中"二人转"的另一位人物——段祺瑞的肖像，也赫然出现在黎元洪家的相册中。二人当了一辈子的死对头，却在同一本相册里共同见证着历史！

在黎元洪入读天津北洋水师学堂的第二年，段祺瑞进入了同城的另一所名校——中国第一所近代陆军学堂天津武备学堂。二人均较早接触西方教育：从1898年到1901年，黎元洪曾三次到日本考察军事。而从1889年初到1890年冬，段祺瑞远赴德国，学习现代军事理念。不过，如果从段祺瑞的角度来说，他还是认为自己无论从出身还是履历都要比黎元洪高好几个档次。

有人说，黎元洪和段祺瑞在某些程度上是有相似性的。二人的青少年时代满足了人们对成才的想象：普通出身、艰苦奋斗和朝廷重臣的提携。有人

1916年6月，袁世凯死后，黎元洪继任大总统。

黎元洪大总统像，摄于1917年。

1917年2月时，黎元洪"大总统亲临陆军大学校举行毕业式照相数种"，曾被太芳照相馆大加销售。而此张照片虽不属陆军大学校毕业式那套，但亦摄于同年，可见当年黎元洪留影着实不少。

黎元洪像，右下角为其姓名的威妥玛
拼音"Li Yuan Hung"。

此时的北京，总统府没有专业摄影师，
也没有专门摄影的官方图片社，不仅
总统、总理、执政、大帅等需要照相
馆进府照相，其他军政要员的肖像，
以及重大社会活动的拍摄，都被各照
相馆承担下来。风云变幻的北洋政坛，
其人、其事，都被照相机记录下来，
今天这些珍贵的历史照片，当年曾经
是那些知名照相馆的赚钱利器。

黎元洪大总统戎装像。

黎元洪着大元帅礼服全身像。

段祺瑞像。

段祺瑞像。

说，如果不是以军队力量作为权力基础，如果没有私人积怨，黎元洪和段祺瑞在性格上的互补，原本可以使他们成为一对绝佳的政治搭档。不过历史没有如果，黎段二人的一切经历，还是让后人去评说吧。

第六章

二度总统

二度登位的黎元洪，发现面临的棘手问题实在不比第一次少，内阁、国会、实力派，样样无法摆平，他仍旧处在政治漩涡中无法自拔。

再陷"政治漩涡"

在总统宝座上刚坐了一年多就辞职的黎元洪，恐怕不会想到，在他下台后，中国大地还是那么乱，而他自己居然在5年后又重新回到了权力中枢。

黎元洪自从离京赴津，便不再过问政事，而是全心助力实业。这期间，皖系的段祺瑞曾经于1917年9月派王士珍到天津邀请黎元洪返京，直系的冯国璋也曾于1918年两次派人邀黎赴京，但均被黎元洪婉言谢绝，他是不想再去北京蹚浑水了。而北京这边，黎元洪下台，冯国璋继任总统，冯段二人却并未能达成合作。冯主张和平统一中国，段则主张武力统一，冯背后有英美两大靠山，段则是以日本为后盾。武力统一中国需要大量资金，段祺瑞便以路权等各种资源为抵押，换取日人的帮助，结果引来各方非议，1917年

11月，段祺瑞无奈辞职下台。不过，下了台的段祺瑞一直伺机东山再起，也没少给冯国璋添麻烦。1918年3月23日，冯国璋不得不再次任命段祺瑞为国务总理。段祺瑞则组织"安福俱乐部"，谋划通过国会改选总统。1918年10月，冯国璋被段利用安福国会赶下了台，北洋系的另一位元老徐世昌成为总统。两个月后，冯国璋便在郁郁寡欢中离开人世。

冯国璋死后，直系的曹锟、吴佩孚逐渐进入人们视野。此二人继承了冯国璋的衣钵，同段祺瑞"接着斗"。1920年，发生了直皖战争，直系联合奉系一举击败了皖系，共同控制了北京政府。不过好景不长，直奉两系都想用自己的傀儡组阁，双方争得不可开交，最后也只能接着靠打来平息。1922年，第一次直奉战争爆发，结果直系获胜，奉系退回关外。

直系由此便认为，总统人选非曹锟莫属。不过当时徐世昌毕竟还在总统任上，想要推翻徐世昌，就得恢复约法的国会，也就是要恢复法统。依照法统，中华民国大总统6年为一任期，这样算，当年黎元洪的大总统任期还没到，而徐世昌这个大总统实际上是非法的。因此，直系要拥戴黎元洪重新出山，待他重新完成自己的任期后，再由曹锟继任下一任总统。对于直系来说，这真可谓一石三鸟，既推翻了徐世昌，又打击了当时孙中山在南方的护法政府，还能确保未来的政权在自己手中。

1922年6月1日，当年因张勋入京而被黎元洪下令解散已达6年之久的国会，其参众两院院长王家襄、吴景濂在直系军阀的授意下，于天津发出通电，要求依法恢复参众两院的合法地位，并指斥现任大总统徐世昌为非法国会所选举，应即宣告无效，"自今日始，应由国会完全行使职权，再由合法大总统依法组织政府，护法大业亦以完成"。一时各地纷纷呼应。第二日，徐世昌见大势已去，无奈辞职，也像黎元洪一样出京赴津，当起了寓公。与此同时，直鲁豫巡阅使吴佩孚马上发出通电，主张迅将黎元洪推举为大总统人选。

6月3日，天津租界里来了两位神秘人物，他们就是曹锟和吴佩孚的代表熊炳琦和李济臣，此二人来津不为别事，就是为了劝说黎元洪返京复任总统。黎元洪本来已开始享受这种宁静生活，一听有人请他出山，心里还是不免泛起涟漪。不过，比起第一次，黎菩萨这次变得聪明多了，他向曹锟、吴佩孚提出了条件，那就是：废督裁兵。

黎元洪发出了三千字的"废督裁兵"通电，当中归纳了督军制的五大危害，即：各省区兵额过大、督军拥兵自雄、连年争战荼毒百姓、滥用威权称霸地方、督军与政党相互勾结。其实，督军制何止是给全国人民带来危害，更是对黎元洪本人有极大威胁，他第一次当总统时的经历，让他实在是太痛恨督军制了，因此此番才提出了这些条件。一番讨价还价，黎元洪终于宣誓就职。

1922年6月11日正午，黎元洪在王家襄、吴景濂等人护驾下自津抵京，旋即在中南海怀仁堂举行"暂行大总统职权"的就职典礼。据总统侍从武官唐仲寅回忆，黎元洪尽情表现着畅快和得意。他穿着礼服来回踱步，对镜顾盼大笑："大家都说我是黎大茗（茗即湖北话之'傻'），今天我黎大茗，又回来坐天下了！"

黎元洪的二度总统当得如何呢？在黎元洪之子黎绍基所著《黎元洪传略》中，我们可以窥见一二：

> 当他在天津居住时，政治风云，变幻莫测，如临时约法
> 被废除了，并非法选出了新国会，徐世昌非法当选为中国的

大总统。同时，旧国会议员在广州集会，另外组织了一个政府，而这个政府的管辖区包括西南五省。这两个政府各派军队互相交战。战争的结果，双方不见胜负，而国家和人民却遭受到极大的痛苦，外债高达五亿元，中央和许多省的公务员都拿不到薪金，只有军阀倒发了国难财。

旧国会议员去广州后，曾请求我父亲到那里担任总统的职务，但被我父亲谢绝了。后来，直奉战争的结果，北京陷

中南海新华门，始建于乾隆二十三年（1758年），初为宝月楼。

1913年，临时国会决定以中南海为大总统办公地，当时的内务总长朱启钤遂将宝月楼改建为新华门，并将其作为中南海的南门。

入无政府状态。1922年6月，部分旧国会议员又在天津集会，认为从1917年7月开始的北京政府是非法的，并要求全部恢复法统，恢复我父亲的职位。起初，他拒绝了这个请求，但当他看到北京的危险状态，便以"废督裁兵"作为条件而接受了这个请求。同时，他提请国会规定他没有任满的期限。于是1922年6月11日，他在北京又恢复了大总统的职务。

当时，在中国最有势力的政治派别，实际上可以说是属于北洋派的直系，他的首领曹锟是一个没有受过教育和毫无知识的人，只是因为有一支数量大的军队由他控制，所以不管是合法还是非法他都可以为所欲为。而他的支持者，甚至比他更为恶劣。政府颁布的任何命令，他们都可以充耳不闻。我父亲的"废督裁兵"政策，自然更遭到他们的反对。我父亲力图组成一个混合内阁，他们也坚决反对。因此，由于组织内阁达不成协议，一年之中就换了五位国务总理。

二度登位的黎元洪，发现自己面临的棘手问题实在不比第一次少。一来是不少人对他复职的合法性提出质疑。浙江督军卢永祥就声称，黎元洪不过是"暂行大总统职权"，而非复职。不仅外面的人这样说，就连当时国会内部的谭延闿与黄炎培也是这个态度，这可真让黎元洪急坏了。二来，黎元洪的"废督裁兵"主张根本得不到实现。6月13日，吴佩孚从保定来到北京，黎元洪向他谈及"废督裁兵"时，吴满口答应，可当吴佩孚回了保定，就不是那么回事儿了。当时响应"废督裁兵"的只有三个人，陈光远、卢永祥和张作霖。可这三人要么是自己本身就难以立足，借着废督裁兵趁机下台，要么是游离于北京政府之外，各自打着各自的算盘，真正应了黎元洪"废督裁兵"目的的，那是一个人也没有。

而黎元洪面对的问题还远远没有结束。内阁、国会、统一，他样样都无法摆平。北京政府内部的政治斗争让他头疼，直系内部保定派、洛阳派之间的明争暗斗又让他不知所措。他再次发现，自己其实仍旧处在政治漩涡中无法自拔，自身的形势一点也没比6年前强。总理每换一个，黎元洪就得向直系的实力派低一次头。

时间到了1922年的双十节，同6年前一样，黎元洪又进行了阅兵，只不过此次的地点从南苑换成了西苑。一身戎装的黎大总统仍然尽职尽责，不过6年前的他还有心借阅兵向段祺瑞挑战一下，如今则已身心俱疲。

双十节西苑阅兵

当时在全国，庆祝双十节的活动随处可见。北京方面，10月10日下午在天安门举行了国民裁兵运动会，由70余个团体组织，参加游行者数万人，被时人视为"空前未有之群众运动"。总统黎元洪到场演说个人裁兵意见，社会名流蔡元培、李石曾、胡适、李大钊等15人也就欠饷、警厅不允自由散布传单、裁兵之必要等问题发表演讲。当日北京各衙署、机关悬旗结彩。开放三海三日，作国庆游园会。

在天津，各团体召开庆祝大会，开展音乐游艺、演新剧等活动。直隶教育厅各校成绩品陈列室特地开放，任人观赏。晚间，天津城内举办提灯会，2600余人"两人一行，灯笼分五色，按国旗颜色分排"游行。

在上海，各官厅、公共团体和学校悬旗。上午各界举行裁兵运动游行大

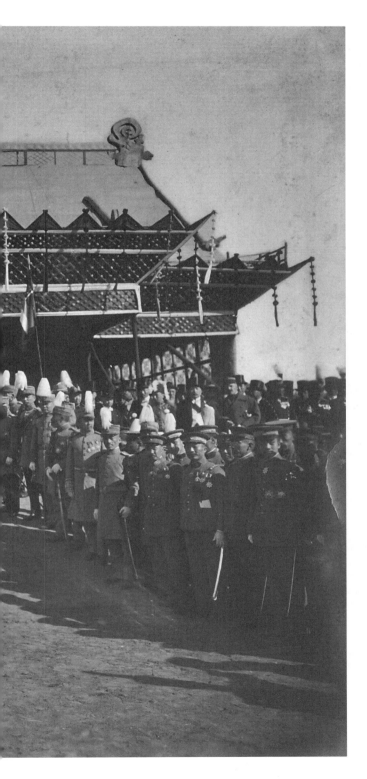

1922年双十节，黎元洪在北京西苑阅兵。

会，到会者3000余人，叶楚伧、杨贤江等到场演说。交涉署招待外宾，淞沪护军使举行阅兵式，警厅列队向国旗行礼，并有童子军检阅祝典。各界庆祝大会在霞飞路尚贤堂召开，到会团体30有余，共计800人。夜间各团体还举行了提灯会。

遭遇"逼宫夺印"

二度出任大总统，黎元洪在棒喝与质疑声中过了大半年。1923年初，国务总理走马灯般换来换去，黎元洪仍旧像热锅上的蚂蚁一样坐着。此时，黎元洪已快满任期，曹锟本来再等几个月就能顺利登上总统宝座了，但他急不可耐想赶走黎。黎元洪虽是毫无实权的签字总统，但也不甘心被人赶下台，他立马联合当时的张绍曾内阁及政学系议员，与曹锟对抗。不过这可难不倒曹锟，他也下令直系的阁员拆台。于是，一场"逼宫夺印"大戏就这样上演了。

6月8日，冯玉祥部张之江率军官数十人佩刀闯入新华门，围住居仁堂，向大总统索要欠饷。9日上午，曹锟党徒又怂恿警察罢岗，撤走总统府卫队，几日后又有中级军官300余人到黎府索要欠饷。接着，"市民请愿团""国民大会代表"约千余人手持"黎元洪退位"的旗帜呼喊而来——这一幕，对于黎元洪来说再熟悉不过了——当年段祺瑞部下暗中操纵请愿团，向国会施加压力，曾经遭遇抗议示威，如今，这抗议示威轮到了自己头上。黎元洪横下一条心，就是不下台。面对这个"钉子户"，曹锟玩起了"下三滥"的手段：断黎宅水电。黎元洪大怒，把总统的大小印信15颗拿出来，10颗留在公府，5颗交给他那住在法国医院的夫人黎本危。

　　尽管这次黎元洪是打定了主意想死赖到底，可他一个空头总统，身处北洋军阀的夹缝中，任凭再胸有大志，也挡不住军阀武夫和无耻政客的践踏，无奈之下，他也只有三十六计——走为上。

　　黎元洪乘专车到达天津，等待他的是直隶省长王承斌率领的大批军警。二话没说，军警们包围了专车，黎元洪插翅难逃。他虽然想尽各种办法在车上拖延了长达11小时，但最终还是无奈交出了印信。黎元洪激愤之下欲拔枪自杀，被随员眼疾手快抢救，没有打中要害。总统当到这个份儿上，也真是够悲哀的！

　　黎绍基《黎元洪传略》中对这一段也有描述：

　　　　1923年6月，内阁总辞职，尽管我父亲极力挽留，但是仍于事无补。最后，他被迫签发了由农商总长李根源副署的同意内阁总辞职的命令。同时，我父亲并任命李根源兼署国务总理。又发布命令，将巡阅使、巡阅副使、陆军检阅使、督军、督理，着即一律裁撤，并将所属军队归陆军部直接管辖，将所有全国厘金，必须于1924年1月1日一律实行裁废。此时，北京的军警在某些人的指使下，开始扰乱。1923年6月13日，我父亲向国会及外交团递交了公文，说明他由于在北京不能自由行使职权，他不得已迁住天津以求行动自由。

　　　　在他还没有抵达天津家中之前，他遇到了一件不能令人忘怀而又异常愤慨的事，就是他被曹锟的忠实支持者直隶省长王承斌扣留在天津北站，目的是要他交出总统印信或是返回北京。他被扣留一天后，被迫交出印信始将其放行。

黎元洪的二度总统生涯结束了。经过这样的屈辱，黎元洪仍试图东山再起，但大势已去，回天乏术，他也只好认命，再次回到天津，退隐江湖。

黎元洪这个人怎么样？他的总统生涯又怎么样？从《西洋镜：一个美国女记者眼中的民国名流》一书中我们了解到，黎元洪二度任总统时，美国女记者格蕾丝·西登采访过他，对他有过详细描写，我们不妨来看一看：

　　我有幸拜见了民国总统。他身穿黑色外套，礼节很简单，却代表了民国的希望。至少从表面看，与重现中国古老辉煌的昙花一现明显不同，时间越久，民国带给人们的希望就越大。

　　感恩节这天，中华民国总统黎元洪在北京接见了我，我带着对他的明确的印象，带着他一张照片和他所作《致美国人民的信》的承诺满意地离开了。

　　直接进入我眼帘的是他那魁梧的军人身材、黑色的制服大衣和闪亮的皮鞋。黎元洪总统站在房间中央的地毯上，以一种非中国式的握手礼迎接了我，他亲切地示意我坐在椅子上，然后他坐在了一旁的沙发里。服务人员送上茶，他静静地坐在那里等我开口。在经过简单的客套寒暄之后，我称赞他是中国十大名人，他向我耸耸肩。因为激烈的权力争斗，两天之前，他的内阁几乎集体辞职了。

　　他每天坚持早上5点半起床，7点吃早饭，12点吃午饭，下午6点吃晚饭，晚上9点或9点半睡觉。谈起他的生活习惯，他很高兴地告诉我，他1864年10月19日出生在湖北，在农村度过了童年，然后去当兵。他喜欢每天清晨的时光，喜欢运动，会去散步、滑冰、骑车和打网球。他还很喜欢戏剧，主要是经典剧目，看缺乏深意、情节简单的现代戏对他而言简直是浪费时间。

当我问到他认为的中国最有趣的变化时，他告诉我说，随着时间的推移，中国正在进行的社会变革，一定会为中国经济和工业带来翻天覆地的变化。如果政府的管理者能够更加开明，方法更加科学，中国最终一定能够走出当前的困境。

道别的时候，总统告诉我，如果我想，典礼局可以安排总统夫人接见我。我给他拍了张照片，他的眼睛炯炯有神。最后我们再次握手告别。

"您是第一位采访我的外国女子，美国的女子都很聪明。"说完，他脚后跟并拢，向我行了一个标准的军礼。我离开了这座宏伟的宫殿。这位孤独的总统，也许还没有意识到，诚恳与善良的他，无法对抗那些自身利益的追逐者；那些狡猾奸诈的政客，正不顾一切地操纵着民主意识还很落后的省份，与正处在混乱当中但具备西方意识的群体相抗争。

为了筹集浙江赈灾基金，几天之后，民国政府举办了总统招待会，我受邀参加。频繁的自然灾害，对这个人口数量庞大的国家来说是一个艰巨的挑战。在会上，总统捐款12,000美金，他在演讲时说："去年，全国有12个省份受灾，政府竭尽全力援助灾民。在这项工作接近尾声时，今年7、8、9月份，洪水席卷了浙江省。浙江72个地区中，超过60个受灾。雨不停地下，河水泛滥，淹没了平原，水深达20—25尺。无数百姓和牲畜被洪水卷走，土地和房屋都浸泡在洪水里，损失无可估量。天灾难以避免，只有慈善才能解救难民。"

下野总统拍标准像

从一度下台到二度总统期间，黎元洪一如既往地给我们留下了不少影像。

1917年溥仪复辟，黎元洪下台回津寓居。虽然从总统变为了一介草民，但隐居天津的黎元洪却似乎有着先知先觉的本事。据说在1918年冬天，这位前总统突然心血来潮想要照相，他几乎毫不犹豫地想到了天津本地最有名的鼎章照相馆，并且立刻派人去馆里请技师到他府上去照。有意思的是，黎元洪想要照的还不是生活照一类的照片，而是标准像。照相馆的李耀庭过来后，给黎元洪拍了一组8寸的半身像，黎非常满意。下野的黎大总统要照标准像，他想要干什么呢？

就在人们议论纷纷之时，来年春天，李耀庭再次给黎元洪照了一张，这次更大，12寸的。黎元洪看了，连声称好。

黎大总统要干什么呢？天津卫的老少爷们好琢磨，好打赌，而且好拿名人押宝。据说老城里有两个叫花子，在鼓楼大街的墙根底下边晒太阳边打赌，一个说黎元洪又要当大总统了，一个说这是黎元洪没事哄自己玩。前者说，我要是赢了，你请我吃一顿狗不理包子。后者说，那行，我现在就为你存着钱。

孰料三年后，也就是1922年，当第一次直奉战争结束后，曹锟、吴佩孚邀请黎元洪回京复任大总统。这可是个急事儿，当大总统得有标准像，可黎元洪一点儿也不着急，因为他早就准备好了。他拿出3年前拍的那张12寸的底片，一次就在鼎章照相馆洗了500张。后来他又洗了将近20次，每一次都是几百张，并在全国广为散发。老城里有一个叫"神算子"的韩姓老头说，这是鼎章托了黎元洪的福气。您瞧，这照相馆能不出名吗？哦，还有那打赌的叫花子，据说那个输了的叫花子特守信用，在黎大总统复任的第二天，就买了3斤狗不理包子给了那个要饭的"同事"，那"同事"也不客气，抓起就吃，吃到2斤时，就坐在地上固定住了，死了。听说这事儿在当年让天津卫的一些小报记者好好忙活了一阵儿。

黎元洪像。

黎元洪像。

黎元洪像。

黎元洪读报像。

天津鼎章照相馆所拍黎元洪像。

第七章

黎大总统日本行

黎元洪答日本记者："日本在五十年前不过是毫无名气的岛国罢了，现在之所以能变得如此强大，归功于其优质的教育。"

三次访日，考察日本陆军

两次的总统生涯，黎大总统都是因手中没有兵权而甘拜下风。可如果说黎大总统是不懂兵、不识兵，那可就大错特错了。其实前面几章就曾提到过，黎元洪在当士兵的时候是一位好士兵，当将领的时候又是一位好将领，他还是一位不可多得的全面的军事人才。不仅如此，黎大总统还曾有过几次东渡日本的"游学生涯"。

1895年，为延揽军事人才，张之洞在南京设立"延才馆"，大开招贤纳士之门。黎元洪在萨镇冰的举荐下，投奔到张之洞门下。据说张、黎初会时，张之洞想要试试黎元洪的才学如何。黎元洪便从长江地理特点说起，进而谈到两江防务、水师战术，让张之洞不住地称赞。从此，黎元洪便成了张之洞手下一枚重要的棋子，官运逐渐亨通，各种出访机会也增多起来。

1896年，张之洞交卸两江事务，回到湖广本任，将黎元洪以及500名德式装备的自强军官兵也一同带到了湖北。张之洞对黎元洪寄予厚望，盼他能够在湖北新军建设方面有更多贡献，但由于黎过去是在海军服务而缺乏陆军的经验，他了解到当时的日本有了突飞猛进的发展，很想到日本看看。而张之洞此时也发现，自己新军的军事编制与训练方法皆师从于德国，可日本在明治维新后已逐渐跻身于世界军事强国之列，他遂希望效法日本"以夷制夷"。于是，他便派黎元洪赴日考察。

黎元洪第一次赴日"游学"之旅是在1898年2月。他在游览东京、大阪等地的公园时，发现公园内竟陈列着甲午战争中日军从中国和朝鲜缴获的不少刀剑枪炮等战利品，以炫耀日军的武力强大。作为一名中国军人，黎元洪感到自己的民族自尊心受到极大伤害。于是，他便邀集旅日侨胞请求日本当局将其撤掉。然而，日本当局根本无视中国人的要求，断然拒绝。黎元洪痛感弱国无外交，落后只有挨打，欲强国必先强兵。从此，黎元洪在考察时更为用心，学习也更加刻苦，他在日本学习了3个多月，切身感受到日本的军事教育已远远超过中国，学习军事实在是刻不容缓之事。

1898年5月，黎元洪回到湖北后，向张之洞详细地汇报了日本的练兵情况，并建议派遣青年学生去日本士官学校学习。张之洞正为编练新军缺乏人才所苦，听黎元洪这么一说，他大感兴趣。当时清政府推行维新运动，在康有为等人的鼓动之下，亦谕令各省选派学生赴日留学。起初张之洞计划从湖北、湖南各派100人前往。然而不久发生了戊戌政变，经费无从所出，结果湖北只有20人成行。

1899年10月，黎元洪再度奉张之洞之命赴日考察，重点是"考究陆军步马各队之教育及军纪并各队兵法等"，此次他被编入了禁卫骑兵联队训练。甲午战争后，日本军国主义思潮愈发膨胀，日本人对中国人甚是歧视，他们故意将黎元洪一行安排在距离训练营地很远的九段松叶馆。纵使每天往返要花很多时间，黎元洪依旧"革靴蹄铁，风雨泥泞，日必一往"。他的这种刻苦精神，让日本军官都钦佩不已。

此次考察原计划为期一年，孰料第二年国内形势就起了变化。义和团在山东、直隶等地兴起。张之洞赶忙电令黎元洪回国应付国内紧张局势。于是，1900年6月，黎元洪回到武昌，向张之洞汇报了考察经过。没过几天，八国联军便打进北京，慈禧太后带着光绪皇帝逃到西安。内外交困的清政府出卖并血腥镇压了义和团，又和西方列强签订了丧权辱国的《辛丑条约》。许多人由此更加认识到，军政改革已经箭在弦上，其中重要的一项就是发展新军。而在发展新军的道路上，张之洞和他的湖北在那时已经是国内的佼佼者了。据统计，当时张之洞手下的新军已有1万多人。由于张始终注重新军的素质，因此其手下有1000余人都先后前往日本学习。

1901年7月，日本为炫耀自己的军事力量，决定在仙台举行陆军大操，并故意邀请中国派员赴仙台观摩军事演习。朝廷中不少人认为这是对大清国的侮辱，因此纷纷拒绝前往，而张之洞认为这又是向日本学习的一次好机会，遂派黎元洪和自己的孙子张厚琨前往日本观操。二人于1901年9月访日，这也是黎元洪的第三次赴日"游学"。仙台大操期间，黎元洪成为陪览官，并获得日方授予的"旭日双光章"。大操之后，黎元洪和张厚琨在日本做短暂停留，考察了日本的军事、政治，还对日本的军工制造进行了实地观摩。此次考察仅两个月，时间虽不长，黎元洪却满载而归。

三次访日，黎元洪对日本的政治、经济、军事、实业等项有了诸多了解，看到日本先进的制度与理念，他深感大清朝与日本的差距可谓无处不在。每次回国，他都将所见所闻讲给张之洞听，也让张之洞感叹不已。在晚清朝廷众臣中，张之洞算是较为开明者，他鼓励自己的手下出国访游，"师夷长技以制夷"。据统计，20世纪初，在日本留学的中国学生，以湖北最多。1902年，湖北有近百人在日本留学，到1906年，达1360人，这时留日学生全国共计5400余人，湖北省占了四分之一。留学热潮的形成，是救亡图存的形势使然，而湖北独占鳌头，与张之洞的大力倡导分不开，黎元洪的从旁协助，也是功不可没。武昌起义后，甚至还有人说："今日军界学界人如此之盛，皆当初元洪一言之力也。"可见黎元洪的作用之大。

不过，张之洞对出国留学这件事也不是一点忌惮都没有。自打庚子自立军起义之后，张之洞深恐再起革命之祸，便对留学生心存戒备。他不准学习

此照片中的黎元洪头戴清朝士兵包头，英气勃发，与之前我们所见"黎大都督""黎大总统"的照片形成较大反差。显然，这张照片应为青年时期的黎元洪。这张照片刊印于一张日本发行的明信片上，发行时间应为辛亥革命武昌起义后不久。武昌首义震惊了世界，当时还是清朝湖北新军中一名"旅级"军官的黎元洪被推到历史前台，成为革命军政府的"鄂军都督"。由于黎元洪在30多岁的时候曾三度赴日考察军事，因此日方的档案中很可能留存有黎元洪青年时期的照片，故发行明信片便"就地取材"，使用了这张穿着极其"不寻常"的照片。

军事的留学生归国后在军界服务，而黎元洪则经常从中"曲为维持，使其因材得职，以是深得鄂中军心"。后来武昌首义黎元洪被起义军推举为都督，此为原因之一。

黎元洪去了三次日本，对日本已是相当知晓。那么日本人是不是也对他有所了解呢？答案当然是肯定的。作为张之洞手下的副将，黎元洪骁勇善战、有勇有谋、吃苦耐劳、能力突出，这一点早就是众人皆知。再加上他在日本学习时的突出表现，日本人怎么会记不住他呢。

关于日本人对黎元洪的评价，我们可以从两个地方来看一看。其一是一张黎元洪"不寻常打扮"的照片。其二则是日本著名史学家山路爱山在1916年黎元洪刚刚就任大总统时对黎元洪的一些提醒。1916年，山路爱山撰写了一部中国史论著，书前目录有一段用汉文写的文字，名为《与黎元洪》，内容颇值得玩味。不妨将此文录之于此（标点句读依原文照录）：

> 黎足下。此书论贵国近事。求足下一阅。仆窃谓贵国与日本。兄弟之国。始无畛域。何则贵国春秋时。人种盖有四。所谓胡夏楚越是也。日本与东胡、夫余、渤海、满洲、高丽。陆海连续。人长弓马。才秀武艺。风俗亦似。共所谓北方之强。则知日本、东胡、渤海、满洲、高丽、均胡也。越人水居。文身压大鱼。自称龙子。日本古俗。又有与之相近者。今萨摩洋、与琉球、澎湖。小岛棋布。而连于闽广。其人有骨骼相似者云。盖本于此。然则日本亦有越也。况秦汉诸氏。入海为国邑者。有秦王国。有汉部。日本诸大姓出于此辈者多。谱牒或存。不容疑焉。秦汉诸氏。则夏与楚也。

然则日本并有胡夏楚越也。总而言之。日本与贵国。谊同一家。情如兄弟。朴素论如此。故仆不能视贵国为他人之国。贵国之忧。实则仆之忧也。以仆所见。今日之势。贵国与日本。犹坐一舟。云海渺茫。风浪非常。若能协心戮力。则可横行于万国而无所受侮。分而相猜防。则势孤力弱。强国乘其隙矣。惜日本大官、与贵国当路。多非经国之器。坐井见天。各国其国。各民其民。无混同之略。缺一视之仁。管仲之器小哉。是仆所以长大息也。此书略举其大纲。若得与足下同论。何啻一书生之幸而已哉。仆尝有诗曰。

万里长城御狄人　　　混同六国帝王真

二千余岁如流水　　　叹息中原无强秦

贵国与日本。同舟相济。国虽二、心则一。则方今五世界之内。秦皇汉武之业。岂难豫期乎。圣人视四海如家。多得友邦之心者。为霸王之业。自古皆然。足下思诸焉。

大正十五年十月　　　日本　山路

显然，在这里，山路爱山将黎元洪当作了中日"同舟共济"的救世主。仅凭这一点，就足见黎元洪在日本人心中的地位了。

还有一件事，那就是1917年，张勋率"辫子军"到达北京，迫使黎元洪解散国会。当时日本浪人、间谍佃信夫认为时机到来，急忙去见首相寺内正毅，得到他对复辟的肯定后，就赶到北京。次日早晨，佃信夫得知张勋已帮助溥仪复辟的消息，立即去日本驻华公使馆，请求公使林权助迅速承认复辟。谁知几乎同时，黎元洪却逃进日本公使馆"寻求保护"，而日本政府此时又改变之前的主张，做出了"收留"黎元洪的决定，弄得佃信夫无颜面对张勋。这一行为从侧面表明日本政府并不看好张勋主导的这场复辟，也可以看出日本政府对于黎元洪的态度。

只可惜，两度登上大总统之位的黎元洪并没有完成山路的心愿。不过，黎元洪与日本的缘分还未结束。

第四次访日，旅游社交

1923年，黎元洪结束了自己第二度大总统生涯，回到了天津。他计划联络各方力量讨伐直系军阀，可是各地力量已经不将黎元洪放在眼里。在天津的议员、外国的使节，甚至总统卫队的卫队长见到黎元洪大势已去，都纷纷对他冷淡了起来，这让黎元洪颇为不爽。在天津处处碰壁，使黎元洪萌生了南下组织力量的想法。1923年9月11日，在部分南下的北京国会议员屡屡电邀下，黎元洪偕两名日本医生以及李根源、庄景珂等人乘日轮抵达上海，并下榻于法租界杜美路26号。黎元洪原准备组织一个新政府，但因各方意见不一而未成功。而当他发现在上海也已经没有人拿他当总统看，甚至有人警告他不要再在上海活动时，黎元洪自知，形势已是对自己相当不利。孙中山听闻黎元洪到了上海，还曾命汪精卫持函诚邀黎赴粤，但黎元洪终究只是复了个函感谢孙先生之邀请，而没有答应他，因为此时，黎元洪已决计东渡日本。政治上的心灰意冷让他知难而退，再加上黎元洪此时已患有严重的糖尿病，而日本的宜人气候和秀美的温泉都适宜养病，这是黎元洪决定东渡的原因。

1923年11月8日，黎元洪在李根源、金水炎、饶汉祥、许世英等数十人的欢送下，偕夫人黎本危、秘书刘钟秀及仆役多人，从上海乘"高丽丸"号前往日本。

一到日本，黎元洪就把这次东渡之旅写信告诉子女，信中说：

> 余于本月8日由沪开船，9日报有风浪，如同住洋式客栈，并不摇动（是夕，有中国工商界及男女生共100多人，请余演说，约1小时）。10日早到长崎，中国官员及商学界多人上船迎接，拟在阜上开欢迎合，经余辞谢。下午1点半，乘火车赴别府，11时半，寓龟井旅店。沿途日本官吏暗有侦探，日夜巡视。至于车站码头，都有人监察。别府居民要开欢迎合，亦经辞谢。在此安心养病，不问政治。

国内这边，曹锟于1923年10月5日贿选成功，当选中华民国大总统。黎元洪得到消息说，曹锟派出多名刺客，欲除掉反对直系之人，他深怕自己回国遭毒手，便一直在日本呆了下去。他边养病，边休息，日子过得倒也还舒服。当然，跟国内那边，他也从来没有断了书信联系。

章太炎这期间就写信安慰黎元洪说："公此时养晦待时，将来非无可乘之会，益人心仰望，终未去也。"

黎元洪的长子黎绍基则写信说："大人出洋有两大利：一则养息福体，一则联络国民感情。盖现在各国对于曹逆感情非常之坏，伦敦、巴黎各报馆均将曹逆历史尽情登出，大加底号。大人诚能西游欧洲，必受欢迎而得同情，即到日本为止，亦有益不浅也。"

不久，黎元洪便给长子黎绍基回了一封长信说：

嗣后，关乎国事及重要事，应询僧（饶汉祥）；关乎银钱及周转款项，应委托宾如（唐仲寅）、英初、洁臣诸君；关乎实业事件，应委托宾如、英初诸君，与谁接近者，尽谁公理。惟远方实业，多系英初经手。关乎与外人交际事件，应商同洁臣、俊卿诸君办理；关乎新闻及宣传事件，委托熊少豪办理。平素家中之事，大者商同宾如办理，小者吩咐郭赖祥去作。几不能解决之事，应请大家讨论，其结果必尽善美，囚一人之精神及思想有限，事事要知道，不必亲自去作，腾出工夫好专心向学。特此论知。

虽然身在海外，但黎元洪做事仍然井井有条。他特别在乎专人专事、集思广益。而他对自己所办实业的牵挂，在这封信里也随处可见。

黎元洪还多次写信给家中报告自己的病情。在1923年11月16日的信中，他说："据大分医院长加田博士之检查报告，云余之小便已无糖质，动脉管有变硬之兆。不过饮食上注意，每日多吃青菜，现洗温泉澡一周（七日）之久，已见有效。"

三天后，黎元洪又在信中写道："自到别府，重在养病，现今糖质病已愈，而血浓病尚需调养，一俟痊愈后，再作定夺。"

在11月30日的信中，他又说："余之糖质病，业已痊愈，惟动脉管血压太高，初到别府时，系二十三生的米达，现落至二十生的米达半，大约减至十五六生的米达，方为合格。目下并不吃药，只于饮食注意，所以每月完全用日本□□（此处两字未能释读。——作者注）料理，因其清淡，无油腻之故。"（此处引文中的"生""米达"是何种计量单位，尚不能确定，姑且保

留不变。——作者注）

可以看出，黎元洪在别府经过一段时间的休养治疗，糖尿病有了一些好转。

黎元洪在写给国内的信中，还曾多次谈到他"西游之举"的计划，但因受客观条件的限制，一直未能成行。一来是经费不足，黎元洪认为想完成西游至少需要8万元；二来是护照问题，他不愿用北京政府签发的护照；三是接秘书段瀛函嘱："欧洲似可一行。美洲须经由檀香山、加拿大等处，全属某党势力范围，似不可行者。欧洲亦须取道俄境，情形如何亦需调查。"想去的地方，在黎元洪看来还是不太安全。

西游是没去成，但黎元洪却在日本国内转了一大圈，照现在的话说，就是"旅游社交"。他旧地重游，去了不少当年自己访日游学所到之处，还和当地不少华侨人士有所接触。1924年1月15日，日本发生地震，黎元洪还派刘钟秀代表自己参加在日华侨赈济日本震灾而举行的集会，并捐款助赈。3月，他在致章太炎的信中说："病已痊愈，将于看完樱花之后，下月即赴大阪、神户、奈良等地游览。"黎元洪在日本参观各地名胜古迹，出席华侨招待会，考察实业，发表关于世界和平友谊的演说、题字、签名，忙得不亦乐乎。由于黎元洪这一趟受到日本众多人士接待，当时国内还有不少人怀疑他被日本政府利用了。对此，黎元洪赶忙命其随员熊少豪接见记者辟谣，并称此行一切费用，均属自备，并未接受日本官方之任何招待。

1924年5月11日，经历了半年的东瀛之旅后，黎元洪回到了天津。回津仅三天，天津的捷闻通信社便访问了黎元洪。黎元洪和记者可谓侃侃而谈，可是一旦提到国内政治，老黎立刻闭嘴不提。从此，黎元洪挥别政坛，在天津过起了不闻国事的自在生活。

1924年4月，黎元洪（前排右九）同夫人黎本危
（前排右十）在大阪图书馆前与留日学生合影。

大總統參觀紀念 民國十年八月廿四日

1924年4月28日，黎元洪（门前中间站立者）来到神户中华同文学校参观。

中华同文学校位于日本兵库县神户市，创立于1899年5月，戊戌变法失败后逃亡日本的梁启超先生曾在中华会馆举行的欢迎会上发表演说，提倡设立学校，他说"华侨必须重视教育，神户也要办华侨学校"。1900年3月，校舍落成，学校命名为神户华侨同文学校，由日本政治家犬养毅出任名誉校长，用粤语讲课。1919年三江和福建等地的华侨共同创办了用普通话讲课的中华学校。1928年，中华学校与华强学校合并成中华公学。1939年，神户华侨同文学校与中华公学合并，正式命名为神户中华同文学校。

黎元洪（图中位于右侧的站立者）在神户中华同文学校致欢迎辞。

黎元洪（前排左八）和夫人黎本危（前排左九）同神户中华同文学校师生合影。

黎元洪和夫人黎本危（前排坐者）与神户中华同文学校学生合影。

黎元洪同留日中国学生合影。从这些照片中不难发现，黎元洪自得了糖尿病之后，比以前明显消瘦了。

1924年4月29日，黎元洪（前排左六）访问
神户高等商业学校时同校内的中华同胞会成员
合影。

　　最后，我们以一段日本记者对黎元洪的采访来结束"黎元洪与日本"这一话题。

　　1924 年，日本记者清泽生来到中国，对当时的一些"名士"进行了访谈，这其中包括了黎元洪、段祺瑞、张作霖、唐绍仪、颜惠庆、康有为、黄郛、吴佩孚等一系列政界、军界、教育界的重量级人物。回到日本后，清泽生将访谈记录整理成了 15 篇新闻稿，于 1924 年 9 月 7 日至 1924 年 9 月 21 日在《中外商业新报》上进行了连载。下面这两篇，便是清泽生对黎元洪的采访。当时黎元洪已经从日本回到了天津，他对中日关系、中国的未来以及当时的曹锟政府发表了自己的看法。

"还我关东"——黎元洪（上）

　　黎元洪径直走了出来。他胡须浓密，身体结实，完全感觉不出来是一个中国人。他采取西方的握手方式，席间的待客接物也体现了其有分寸的社交风度。他的官邸位于天津的英租界内，是一栋考究的西式建筑，其西式程度甚至让站在客厅的黎元洪身上所着的白色麻质的汉服都显得有些突兀。

　　记者首先说道："前些日子您造访日本，本以为您肯定也会路过东京，大家都对您翘首以盼，结果却有点让人遗憾了。

　　"我还是很了解东京的，它是个值得怀念的城市，这么值得怀念的城市遭受了这么大灾难，我实在是无法面对其惨状。我今年 62 岁了，算起来也在日本生活过两年，非常喜爱这个国度，尤其是其有序的组织模式……"黎元洪很自然地用外交辞令进行着回答，并回忆了在日本时买了什么东西，而其客厅正面挂了一副描绘日本雪景的画。

"对于日中友好问题您有什么想法？对于加藤内阁所应该采取的方针，您有什么建议？"我作为一个刚从日本来的新客不得不问这个平庸且老掉牙的问题。

"为了回复日中友好关系……"通过翻译将之前的问题重复了一遍，"我国有句俗语，叫解铃还须系铃人。如果说加藤所提出的二十一条伤害了日中关系的话，他就必须排除这个因素，如果这个问题不能得到妥当处理的话，那是无法由衷地实现日中友好的。

"比如说在日本的儿童教育中，地图上二十一条中的所涉及的旅顺或者大连地区的颜色与日本本土的颜色是一样的，并以此对儿童进行教育。而反观中国，也还是名正言顺地教育孩子们旅顺和大连是中国国土的一部分，是被日本非法侵占的，而小孩子们也对此深信不疑。如此这般的话，永远都不可能实现日中友好了吧。"

"当时俄罗斯的势力强大，作为日本来说难免要在旅顺、大连驻守，但是现在时局发生了改变，已没有必要为防范北方势力而驻守旅顺和大连。即使俄罗斯恢复了之前的势力，中国也一定会像日俄战争或日德战争时期一样帮助日本。"

黎元洪如此回答后，就绝口不提此事。

新闻记者的特权就是不顾虑，我马上进行了插话：

"我对日本关于中国的教育内容抱有同感，但是我们真的能无条件地相信您所说的'一旦出现状况中国就会帮助日本'这句话吗？比如说在日俄战争之际，中国之所以给予日本帮助，是否是因为当时俄罗斯的南下势头猛烈，而中国正好使用了以夷制夷的策略呢？相反，在日德战争之际，中国不但没有给日本提供什么特殊的帮助，还对日军在龙口登陆一事提出过抗议。"

对于记者这番问题，黎元洪面带微笑毫不示弱地进行回答道：

"您之所以这么问，是因为您不是军人。我从一个军人的角度给您解释吧。"

黎元洪对日俄战争和朝鲜的关系等事宜进行了说明，并继续说道："那么，有关日德战争时期的抗议事宜，我想说——由于我当时在政府部门任职所以我清楚——那时的德国已经想无条件把青岛归还给中国了，可能日本政府得知了这条消息的缘故，突然就对德国宣战，在这种情况下，作为中方，我们也只能被迫提出抗议罢了。"

"坊间有传言说，是中方以青岛无条件归还为契机，进行了有关参战与否的谈判。"我噎回去到了嘴边的问题，转而开始询问其他问题。

中国的"大隈侯"——黎元洪（下）

（编者按：大隈侯，指大隈重信，明治时期政治家、改革家、教育家。日本第8任和第17任内阁总理大臣。他的成功改革让日本建立了近代工业，他创建了早稻田大学。）

"究竟怎样才能救中国于如此困局之中呢？"记者试探着问黎元洪。

"我认为应该像贵国的西乡隆盛等人一样，果断地实施废督裁兵之策。我相信中国应该学习日本明治维新的基础与经验。只有开始废除督军，裁减兵力才能够救国。当然，也有人相信武力统一才是救国之路。可是以武力立足者，也常常因武力而破败。即使是现在，也有很多人敲我们家的门，劝说我东山再起。而如果我现在还有私心的话，说不定还真会大干一场。但是不实行废督裁兵的情况下，天底下哪有什么有意义的工作啊！你看曹先生（曹锟），即使当了大总统，如今不也是已经开始到处碰壁了吗？"

那些对于黎元洪竞选失利，败走天津一事的知情者都清楚，黎元洪与曹先生之间存在着不可磨灭的恩怨。

记者好像觉得苦苦等待的内容忽然出来了一样，看向黎元洪，但是从他脸上完全看不出来情绪的波动。

"最重要的还是在于教育。"

黎元洪毫无感情地继续回答。

"日本在五十年前不过是毫无名气的岛国罢了，现在之所以能变得如此强大，归功于其优质的教育。"

"那么您将来打算在教育界做出一番成就吗？虽然有点冒犯，但是我认为您跟死去的大隈侯有相似之处。您作为一名自由社会评论家，作为我们外国人需要率先采访的中国的代表人物，我认为您的地位可以相当于日本的大隈侯。那您有打算像大隈侯所做过的那样，全心全意地投入到教育事业吗？"记者奉承般似的问道。

黎元洪自言自语："大隈侯……"之后摇了摇头，做出了"太过奖了"的样子说道："我将来打算把余生都奉献给教育事业和实业，虽然有自己经营学校的打算，但是也想极力援助其他人办的学校。"

"希望您题字给我们作纪念。"记者说完后，有人将花名册递上前来，但是那页面上方已经有两三位名流签过名了。

"这样是不行的！"一名去年跟黎元洪同行来日本时担任翻译，并有着陆军少将官衔的人使劲摇了摇头，把那本花名册翻了一页，让黎元洪另起一页签下了名字。总之，他认为让曾将当过大总统的国家元老在第二个或者第三个位置签名相当有失尊严。

我对黎元洪说："能不能留您一张照片？"黎元洪还是很高兴地在照片上署上名赠送给了我。虽然上面只写道"清泽君"，而不像一般名流那样用极其复杂的敬语很夸张地写什么"清泽先生惠存"。他表现出了一国元老所应该具有的威严，我感觉从此读到了中国思想的一部分，不禁愉悦地微笑了起来。

之后我也曾跟某位中国的名流探讨过黎元洪，该名流虽然属于无党派人士，但是当他毫不客气地指出"这个人缺乏智慧"的时候我还是很惊讶的。很可惜该名流对"智慧"一词没有作进一步的解释，如果跟不上现代思潮也算是缺乏智慧的话，那么当今政坛又有多少人能有资格称得上有智慧的呢？如果是说其为人处世不够伶俐的话，那这种事情还是仁者见仁智者见智了。我通过大约一个小时的会面，认为黎元洪过于富于所谓的"智慧"，城府太深——作为一名政客显得过于老练，反而有可能因为让人觉得没有诚意而容易遭受批判。

我告辞并打算离去，正要出门的时候，几名充当门卫的军人正在举手行礼。

无论如何，四次访日，对黎元洪来说，都是一生不可磨灭的经历。

第八章

退隐津门

天津也是黎元洪永远的家，他两次离任总统后，都选择退隐津门，并最终在这里走完自己一生的旅程。

跟天津有缘

　　天津可以说是黎元洪人生中步入正途的起点。1873年，还不到10岁的黎元洪正是在天津开始了自己的学习生活，并在之后进入天津水师学堂，成为一名军人。天津也是黎元洪永远的家，他两次离任总统后，都选择退隐津门，并最终在这里走完自己一生的旅程。

　　1917年的府院之争，黎段二人斗得不可开交。段祺瑞利用张勋北上发动复辟之机将黎元洪驱走，由冯国璋代理大总统。经过张勋这么一通折腾，黎元洪主动辞去了大总统之位，于1917年8月28日携家眷去了天津。

　　黎绍基《黎元洪传略》中有如下记载：

由于我父亲在水师学堂求学时就注意锻炼身体，所以当他在海军和陆军服役期间，对于身体状况非常注意，因此他一直很健康。但从革命时起，他忙于计划着一些重大事务，很少有时间锻炼身体。正当他打算恢复一下体力时，总统的职务使他工作劳累过度，身体健康更为不佳。

张勋复辟给国家造成严重的灾难，但它却给我父亲一个恢复健康的良好时机。他辞去总统职务后，立即来到天津。在天津，他有一处带有美丽花园的住宅。现在，没有什么事来打扰他了，他唯一的工作就是在花园散步和看着园丁浇花——这对他来说是一个真正的乐趣。每天他早上起来便锻炼身体，然后洗个澡，八点进早餐，而在早餐之后，他挑选一些报纸随意浏览。当时，中国的政治局势一再恶化，当他从报纸上看到一些令人懊丧的消息时，便以练习写毛笔字，来排除他心中的烦恼。

他十二点进午餐，饭后睡个午觉，这对他来说非常有益。他很高兴人们到家里来看望他，不过他不欢迎那些有政治企图的人。因此，他的一些老朋友常来访问他，并经常畅谈到晚饭时分。晚饭后，他便把家里人召集到客厅里聊天，除谈一些有兴趣的新闻外，多是家长里短。而且，他很喜欢在这时听留声机，作为消遣。他还有早睡的习惯，经常是在晚九点时，他便回到寝室入睡了。

他在天津一共住了五年，这也是他最美好的时刻，因为他确实享受到了生活的乐趣。由于长期的休息和各种锻炼，他恢复了健康。当他感到精神稍差时，便在早晨骑马出游。在花园里，他有一个自建的网球场，并经常在下午打上一小时的网球。当冬天到来时，就将网球场改为滑冰场，把打网球的时间改为滑冰了。有时晚上他还喜欢去听戏或看电影，因为他愿意有更多的时间同老百姓在一起。

而黎元洪的外孙女徐世敏在《黎元洪与天津》一书中回忆：

> 黎元洪引退居津期间，常常反思自己的从政生涯，他当副总统时，因对袁"矢志共和"的谎言认识不清，上过袁的当；任大总统时，又因段祺瑞独断专行、咄咄逼人而吃过不少苦头。每当他回忆起这些往事，感到从政如在瞬息万变的惊涛骇浪中行船，搞不好就会船覆人亡，心中尚存余悸，故他引退后，连北洋政府每月致送的1000元公费都坚辞不收，唯恐再卷入政治漩涡。

1923年6月，黎元洪再次从总统的位子上下来。3个月后，他抵达上海，寄希望于南方各派系能够助自己一臂之力，但结果却令他失望。1923年11月，黎元洪远渡日本，一为养病，一为旅行。半年后，即1924年5月11日，黎元洪返回天津。他人生的最后几个春秋，都在此度过。

细想起来，似乎中华民国大总统都跟天津有缘。袁世凯、黎元洪、冯国璋、徐世昌、曹锟，这5位大总统都与天津有过交集。他们或是生于天津，并且家里亲属一直居于天津；或是退职后寓居天津。黎元洪就属于后面这种。而相比起其他几位，黎元洪还有两点比较特殊。

　　一来就是，他是唯一一位现如今没留下任何房子的人。几位大总统都曾在津置过不少房产，有些自住，有些家里人居住。黎元洪同样如此，他曾经于1914年和1918年在英租界盛茂道（原英租界19号路187号，今和平区河北路219号）先后从英租界工部局处购买和租赁了三块土地，并委托一个德国建筑师先后建成了东楼、中楼、西楼、戏楼与花园等，共建房171间，建筑面积达到8516.5平方米。建好后的房子名"黎公馆"。据说东楼是一所西式带地下室的二层建筑，装修着有机砖、瓦顶，还有双槽门窗和菲律宾木地板；西楼是法式三层楼房，有高台阶，楼上有平台、凉亭，装修极尽奢华；中楼则叫鸳鸯楼，也是一所西式二层楼房，前后都有花园。戏楼则有休息厅、客厅，有不少演员都在这里唱过堂会。这处房子现在已经拆建成了居民楼。而戏楼后来则改造成为了儿童电影院。

　　除此之外，黎元洪在德租界威廉路（今河西区解放南路256号）还有一处房产，这是他于1917年以宋卿府君名义购买的，经拆除后修建成了一所花园住宅。住宅共有房44间，建筑面积达到1878平方米。这是一栋三层西式洋楼，室内室外装修十分考究，楼内首层是大厅、音乐厅和餐厅，铺的是大理石地面。二层是书房、卧室和女客厅。三楼则是卧室及使用间。二、三两层都铺的是菲律宾地板。整个楼内还配备有护墙板和多槽门窗，暖卫设备也是相当的齐全。院内还有喷水池、方亭、石雕仙人像、花窖，据说园内还饲养孔雀等观赏动物。这处房子也被称为"容安别墅"，是黎元洪晚年的居所。不过现在，它已经变身为一座现代化的写字楼——泰达大厦。

　　二来就是，在五位曾生活在天津的大总统中，袁世凯是在任时去世，冯国璋则是刚下台没多久就不在了，因此这二人都没有"退休生活"。曹锟下

黎元洪位于德租界威廉路（今天津河西区解放南路256号）的"容安别墅"。

"容安别墅"主楼一隅。

"容安别墅"内厅一角。

台后的生活较为清苦，徐世昌则秉承着传统中式生活。唯有黎元洪非常热衷于西式生活，而他的寓公生活也是5人中最丰富、最精彩的。

丰富多彩的寓公生活

据黎元洪的英文秘书孙启濂回忆，黎元洪非常喜欢穿西装和制服，很少能见他穿中式服装。而他喜欢吃西餐的习惯，更是尽人皆知。其实自辛亥革命以后开始，他就基本每日三顿都是西餐了。也正因为如此，他家里有两个厨房，一个做中餐，一个做西餐，他和他的子女吃西餐，夫人及办事人员吃中餐。黎元洪平时比较爱喝燕麦片粥，他夫人则喜素食。不过，若遇到伤风咳嗽，黎元洪也就暂时改用中餐。为什么黎元洪喜吃西餐呢，一来是他认为西餐采用分餐制，比较卫生。而中餐用筷子反复在盘子里夹菜，容易传播疾病。二来是黎元洪晚年因患有胃病和糖尿病，医生建议他吃西餐。西餐中的蔬菜和鱼，少油、糖和脂肪，对身体健康有利。

说到健康，黎元洪还非常热衷于锻炼身体。做操、打网球、骑马、滑冰都是他的最爱。他每天早餐前，必做一次体操。而正如《黎元洪传略》中提到的，为了打网球和滑冰，黎元洪甚至直接建了个网球场，夏天的时候每天打一个小时的网球，冬天的时候就把网球场改成冰场，在上面滑冰。

黎元洪还十分喜好书法，寓居天津时经常泼墨挥毫。每当有人前来索字，他二话不说，提笔就写。如果有人备好空白对联或者横幅宣纸请他题词，他也总是十分乐意地按照客人的意思完成。据说他曾为无锡梅园题写过一联：

梅放满园春，欣看四周山色，万顷湖光，胜景逾辋川别业；

黎元洪骑马像。黎元洪热衷骑马。

诗吟小香雪，媲美三径黄花，千林红叶，闲情似邓尉高风。

说黎元洪题字来者不拒，其实也证明了他这人没什么架子，非常平易近人。黎元洪经常挂着文明棍外出散步，或是和夫人一起步行到剧场去看戏看电影。他们每次外出时从来不带随从，出入都是自由自在的，就跟一般的百姓没有什么区别。据说有一次，黎元洪和夫人看完戏回家，发现夫人的钻戒被偷了，而小偷还留了个字条："贵夫人的钻石戒指本人想借用一下，明晚放在门口右角处。"黎元洪看后不仅没生气，反而大笑道："有饭大家吃是我多年的宗旨，有钻戒大家戴又何妨？"不仅如此，黎元洪虽然退出了政坛，

黎元洪手书"文简传经本从怀祖岳阳遗记书妙得天"。

黎元洪书法以颜体见长。黎元洪从小受过严格的私塾教育，他深知写字不但是读书学习的基础，而且是适应科举制度必备的重要条件，所以在书法方面下过一定的功夫。他下笔有法、行止有度，以柳为根，参以颜法，成自家面目，字如其人，作品字形端庄，厚重有神，有君子之气。黎元洪的书法宏大、堂正，且无扭捏做作之态，看起来真的是信手拈来，毫无刻意安排之巧。

自1924年从日本归国后，黎元洪缄口不谈政治，写毛笔字成为了他终日必修之课。黎元洪多临张迁、华山等汉代碑帖，并以颜体见长。有不少人请他题词或书写楹联，他都欣然接受，有求必应，毫无大总统的官架子。

黎元洪手书"仁义"。

黎元洪手书"清净庄严"。

但对双十国庆节却还是格外重视，他每年国庆都要准备焰火和露天电影，让老百姓也能在他的寓所里欢度国庆。他说，自己虽然已不是总统，但是做个平民，也应当好好庆祝这个日子。

黎元洪还非常好客，他交际很广，一些外国领事和官员、银行家及社会各界名流，都经常来他的寓所拜访。他的英文秘书孙启濂就曾说："黎元洪对来访的客人总是要留他们吃饭的，每次都由我们几个主要办事人员作陪。由于他在天津的寓所客厅、饭厅都不够大，而在天津的中外朋友又多，因此他不得不有计划地、分期分国籍宴请一些客人。举行宴会前，他总会按照西方的习惯发出英文正式请帖，并请答复。而如果是对日本客人，则会用中文的正式请帖。按照礼节，赴宴者必须穿礼服出席，每逢此时，黎本人也会身着礼服来迎接客人。客人到来前，黎元洪总要亲自检视餐桌上每位客人座前已摆好的外文菜单。他宴请外国人不完全是西餐，每次基本都会有鸽蛋汤或鱼翅汤等。如恰逢节日，他还要在他私人的戏院里举行舞会，以示庆祝。戏院楼上备有西式冷餐、果汁饮料等，可以供客人食用。"当时大家都说，黎府里的西餐是天津宅门菜中的上品，能亲口尝一次，那可是件幸事。

黎元洪都接待过哪些知名团体或是人士呢？

1924年底，孙中山应冯玉祥之邀，偕夫人北上共商国是。途经天津时，孙中山夫妇下榻张园休息几日。黎元洪立即同李根源一起到张园探视孙中山。这是继孙、黎二人武汉会面之后又一次，也是最后一次会面。几日后，黎元洪还想在自家府中宴请孙先生，但孙此时已是重病在身，无法出席，最后由宋庆龄带领孙科、汪精卫、李烈钧等人出席。黎元洪之所以宴请孙中山，并非有任何政治上的原因，而是发自内心对孙中山先生的一种尊重。1925年，孙中山逝世，黎元洪还在家中悬挂孙先生的画像，并焚香供奉。

1926年，黎元洪曾接待过一个"大团"——世界青年组织代表，这个组织约2000人，黎元洪以个人的名义热情接待了他们，还为他们每个人准备了一份茶点。

黎元洪还接待过美国木材大王罗伯特、英国报业巨子北岩公爵、美国钢笔大王派克、天津海关税务司德璀琳等。

更为引人关注的是，时常有军政界的著名人士登门拜访黎元洪。来者既有前大总统徐世昌、曹锟，前国务总理张绍曾、靳云鹏、颜惠庆、潘复、朱启钤等，也有前农商总长王乃斌、财政总长张弧、内务总长张志谭、海军总长刘冠雄、前陆军总长蔡成勋等，还有前江苏督军张勋、湖北督军王占元、江西督军陈光远、福建督军李厚基、浙江督军卢永祥、安徽督军倪嗣冲、察哈尔都统张锡元、湖北省长孙振家等。可以说，要把到过黎元洪家的政界名人都数一遍，那基本能凑齐整个中华民国省级和国家级的领导班子了。

他们的见面就像是政坛的又一次大聚会。虽然下了台，失了势，可是见面的时候还是得吵一吵、辩论一番，好炫耀一下自己的政见，抒发一番自己的壮志。在英租界里，黎元洪有十来位这种"名流"街坊，那可真是抬头不见低头见，黎元洪是想躲都没法躲。

出身于新式学堂的黎元洪，对教育十分重视。退居津门的那几年，他没少在教育上出钱出力。黎元洪曾经向南开和其他一些学校捐款，又曾捐资给天津北塘广慧寺创办半日小学，后更名为北塘贫民小学。学校招收的都是贫苦子弟，采取免收学费、勤工俭学的方式，学生半天上课，半天劳动。学校开办后，黎元洪将自己在中国银行的1000元存款拨给学校，并将宁东沽的50亩苇田的收益作为学校基金。不仅如此，黎元洪还在武昌筹办私立江汉大学，将自营中兴煤矿股票10万元拨出作为建校基金。后来，这笔基金连同校产都被归入今天的武汉大学。

黎元洪（前排右八）与特地来府拜访的日本僧
人们合影。

黎元洪（最前右侧站立者）与来访的名儒耆老们合影。

张学良像。张学良，字汉卿，奉系军阀张作霖之子，"民国四公子"之一。
张学良曾任中兴煤矿股东、董事，为中兴煤矿的发展出力甚多。中兴煤
矿是黎元洪投入巨资的企业，他本人曾担任过董事长。

1918年，为避免北戴河沦为外国人的"租界"，民国知名人士朱启钤发起成立公益会，组织名流捐款，修路建桥，建立医院、学校。当时，能来北戴河旅游的非富即贵。图为1924年，张学良（右四）、朱启钤（右三）、徐世章（右二）、黎元洪（右一）等人在北戴河章家楼合影。

黎元洪相册中收藏的徐世昌像。

徐世昌，字卜五，号菊人。自袁世凯小站练兵始，徐世昌便是袁的谋士，光绪末年曾任军机大臣。袁世凯称帝时，他敬而远之。袁世凯退位后，起用他为国务卿。1918年，被选为中华民国大总统，1922年6月通电辞职，迁居天津英租界生活，后来与黎元洪成了邻居。

黎元洪相册中收藏的徐世昌与他的叔伯兄弟们的合影。左起：徐世章、
徐世芳、徐世光、徐世昌、徐世刚、徐世襄。

黎元洪与昔日故交合影。前排左一陈锦涛、左二屈永秋、左三黎元洪、左四关铿庭、左五梁宝鉴；后排左一唐仲寅、左二熊少亭、左三黎绍基、左五黎绍业、左六瞿瀛、左八胡人俊、左九孙启濂。

....

孙启濂，湖北汉阳人。上海圣约翰大学毕业。曾留学美国，1913年回国，在北京《东方汉英报》任采访兼校对。1917年受黎元洪约请任总统府翻译、英文秘书。黎下台后随同迁居天津，并任其私人秘书。1922—1923年黎复任时再任总统府英文秘书。1923年后，又任黎元洪私人秘书，兼任南开大学国际法教授。他在天津长期从事律师业务。

瞿瀛，湖北浠水关口(今属罗田)县人。辛亥时被推为浠水县议会议长，并于同年底应黎元洪之约入军政府任机要主任。因办事干练，深得信任，几次被提名为国税厅厅长、民政司司长，瞿坚辞不就，仅任副秘书长。1913年12月，袁世凯将黎元洪幽禁于瀛台，瞿随侍不移。1914年袁要黎为参政院院长，并结为儿女亲家，瞿愤而归隐。1914年劝黎辞去参政院院长。1916年袁世凯密称帝，封黎为"武义亲王"，瞿劝黎拒绝受封。同年8月，黎元洪担任大总统，拟选瞿为秘书长，瞿辞之，乃改任副职仍掌机要。1917年随黎隐居天津。1922年黎元洪复任总统，瞿复原职。

唐仲寅，湖北天门唐家桥人。早年毕业于保定陆军学堂，任湖北新军混成协工程兵第八营管带。后结识黄兴等进步人士，从事反清活动。1911年参加辛亥革命。后为陆军中将、黎元洪总统府卫队统领。

关铿庭，广东番禺人，著名医学家。

梁宝鉴，天津地区著名西医。

陈锦涛，广东南海人，曾任北洋大学堂教习。1901年赴美，耶鲁大学博士毕业，1906年归国参加学部考试获第一名，授法政科进士，曾先后在度支部、币制改良委员会、大清银行任职。于1912年任南京临时政府财政部总长，1916年6月任财政总长兼外交总长。1917年4月因受贿入狱，一年后被赦免。1925年再任财政总长。1930—1935年任清华大学经济系教授。抗战期间投靠日本侵略者，1939年病死于上海。

屈永秋，广东番禺人，中国早期西医，曾任清末御医，民国初年任总统府总医官、北洋医学堂校监，后任天津卫生总局主管。曾于1912年获得法国高等骑士勋位。

胡人俊，字英初，清宣统时任湖北新军四十二标第三营排长，并加入文学社。1913年副总统黎元洪应袁世凯之召抵京时，胡人俊任副总统随带承启官。1914年1月被授予陆军步兵上校，1918年被授三等嘉禾勋章，后被授陆军少将并获三等文虎勋章。1922年被授为陆军中将，1923年被任命为将军府将军。

熊少亭，应为黎元洪身边湖北籍服务人员，其他信息不详。

在天津住了几年，黎元洪在政治上逐渐摆脱了困扰，可他的身体却每况愈下。他曾赴日治疗糖尿病，孰料回来后旧病未全除，高血压又找上门来。据说病情严重时，黎元洪竟神志茫然，舌滞口吃。1926年10月，黎元洪突患脑溢血，两个月后虽基本恢复健康，但已经恢复不到昔日的状况了。

1928年5月，黎元洪得到了一个坏消息，蒋介石的大军已到山东临城，要没收中兴煤矿。听说中兴煤矿是黎元洪的，蒋介石便说不会没收。可是没多久，蒋介石却向中兴煤矿摊派"二五库券"100万元，后又让中兴煤矿承担军饷100万元。这中兴煤矿是晚年黎家的主要经济来源，被这么一折腾，立时元气大伤。黎元洪也遭受了极大的打击，病情更是急转直下。1928年5月25日，黎元洪和夫人去英租界看赛马，突然跌倒在地，昏迷不醒。虽经多方诊治，终究未能抢救回来。6月3日，黎元洪与世长辞，终年64岁。

当时正被国民党当局通缉而居于上海的章太炎闻讯，顿感"地坼天崩"。他为黎元洪写了一副时人为之震惊的挽联："继大明太祖而兴，玉步未更，绥寇岂能干正统；与五色国旗同尽，鼎湖一去，谯周从此是元勋"，下署"中华民国遗民章炳麟哀挽"。1933年，黎元洪的灵柩在即将安葬之时，章太炎又撰写了7000余字的《大总统黎公碑》，碑文叙述了黎的生平，对黎元洪在结终帝制、维护共和的一系列历史事件中所做的贡献给予了高度评价。

黎元洪求学时，他的老师严复曾这样评价他："黎黄陂是德有余而才不足。"晚清、民国历史上，有才之人不少，而有德之君实属罕见。

有德的黎元洪，就这样饮恨津门，走完了自己的人生旅程。

黎元洪又是传统的，他与自己的结发妻子从年少到年老一直恩爱，纵使后来又娶了一位如夫人，黎元洪也从来没有将正妻冷落一边。

夫人

　　他的确是个善良的人！他的妻子评价他说："我的丈夫很忙，太忙了。把所有的时间和金钱都奉献给了国家，他只有一个想法就是尽力去帮助国家。"

　　经过准备，我和总统夫人的见面还是定在了总统府。

　　总统夫人其实是个非常精明能干的女子。她穿着白色的棉袜和黑色平跟鞋，脚很小，大约只有五寸长，却承受了很多很多的东西。她身穿灰缎外套和黑缎裙子，黑发都向后梳到脖颈处，盘成发髻，上面插着一些珍珠饰品。因为没有头发的遮挡，耳朵上那两颗大珍珠显得格外醒目。她手上戴着三枚宝石戒指，一个是钻石，一个是红宝石，一个是翡翠，每颗应该都有好几克拉重。

黎夫人非常传统，平日里就是做家务，照顾孩子，照顾丈夫，她也会经常给丈夫提些建议，为他打理衣着和饮食，虽然在像她这样的家庭，这些事都不用她亲自上手，自有仆人去完成。我原本很想了解下总统的家庭生活，但是黎夫人和所有的中国传统女性一样，不轻易地评价自己的丈夫。中国很多的习俗都透露着谨慎，比如透露女子的名字是一件不礼貌的事，即便是子女，通常也不知道母亲的名字。此外，女儿长大后，父亲就不会再碰自己的女儿，更别说亲吻了。总统最喜欢的家在天津，黎夫人多数时间待在那里，除非北京有事，她才会迅速赶过来。这次是因为孙子发烧，她才赶到北京，我也才有机会见到她。

黎夫人虽然是名门大家之女，受过良好的传统家教，但是对外部世界没有太多的兴趣和了解，她是常见的旧式中国女人的典型代表。她不会讲英文，也很少读书写字，但是她的四个孩子却都会说英文，她的大女儿明年将被送到美国接受教育。

过去50年里，黎夫人的住所要么在老家湖北，要么在上海。当丈夫成为民国总统之后，她就只能选择住在北京或者天津。

黎夫人和她的丈夫一样，起床很早，一般5、6点，最晚不会超过7点，为了8点准时送孩子到学校，7点半就必须出发。她不看戏，偶尔看场电影，她不打牌，不打麻将，不骑车，不跳舞，不滑冰，甚至很少散步。现在年轻人的时髦活动，她这样裹脚或者裹过脚的人无法参与。

按照中国人的传统观念，黎夫人绝对是一个好母亲、好妻子，在她统治的领域，一切都像星星运行一样，从来不偏离轨道。

这是美国记者格蕾丝·西登在黎元洪二度担任总统期间，对其夫人吴敬君的专访（参见《西洋镜：一个美国女记者眼中的民国名流》）。访问虽不长，但吴敬君身上所具有的中国传统女性的优良品质已经展露无疑。

吴敬君1870年出生于汉阳，和黎元洪是同乡。1877年，小黎元洪6岁的吴敬君成了黎元洪的童养媳。说起二人的姻缘，其实有这么几个原因，一是黎元洪自幼体弱多病，有命理之人劝黎家为这个儿子娶一门娃娃亲，黎家听信其言，由父母做主给黎元洪订了这门亲。另一原因则是吴家与黎家沾亲带故，而且家境寒微，也算与黎家门当户对，其时吴父突然去世，家庭失去了支柱，也想赶紧定了这门亲事。而此时，黎元洪之父黎朝相刚刚在天津北塘站稳脚跟，他考虑到北塘、汉阳相隔甚远，就算是乘人力车或骑马，起早贪黑赶路都得要40多天，也不知下次再回来是什么时候。黎朝相便希望将家里人都接到北塘去，既然黎吴两家已经结为亲家，黎家便与吴家商量将吴敬君也带过去。吴家非常通情达理，慨然应允。

黎家的日子虽然比过去强了一些，但总体来说依然是清苦的。吴敬君在黎家起早贪黑，伺候黎家老人。黎元洪从小就待人宽厚，尤其对吴敬君这个未婚妻非常爱护。因此，吴敬君虽然没少吃苦，心里却还是挺高兴的。

　　孰料黎家不久遭遇了变故。1878年夏天，黎元洪的母亲陈氏在生下胞弟黎元泽5个月后突然病逝，年仅8岁的吴敬君既要伺候未来的丈夫读书，又要照顾弟弟。好在1880年，黎朝相续娶了北塘崔氏为继室。崔氏为人贤淑，不仅待黎元洪兄弟二人如亲生一般，并且待吴敬君也很好。吴敬君在继母的指导下，勤于女红，为将来持家做准备。

　　1883年，虚岁二十岁的黎元洪决心投笔从戎，他报考了天津水师学堂，并在当年成功被学校录取，这让已初懂人事的吴敬君高兴万分。一年后，黎朝相看到自己的儿子已经长大成人，儿媳也已跟随家庭多年，并且从上到下照顾周到，便让黎元洪与吴敬君成婚。由于远离故乡，也没什么亲戚可请，因此婚礼办得很简单。黎家的几个老友凑了份子，大家一块儿吃了几顿饭，婚礼就算是完成了。婚后，全家喜气洋洋，黎元洪夫妇也是恩爱有加。

　　真是天有不测风云，黎元洪与吴敬君刚刚完婚没多久，黎朝相便暴病而亡，这一下又让全家陷入了窘境。黎元洪靠着在学堂节衣缩食养家糊口，吴敬君则常以女工针织补贴家用，夫妇两人相依为命，和衷共济，相濡以沫。

　　1888年春，黎元洪以优异成绩通过了毕业考试，从水师学堂毕业。他被赏六品顶戴，以把总候补。经过一段时间的舰上实习后，他被派往北洋海军"来远"号上当差。此时，黎元洪家境渐渐有了好转，但一想到丈夫时常在海上风里来雨里去，吴敬君总还是有些担惊受怕。两年后，黎元洪又奉调广东水师。离家万里，夫妻两人聚少离多，她心里更是多了不少牵挂。吴敬君虽然也想随丈夫一同南下，但家里毕竟还有黎元洪的弟弟元泽和继母崔氏需要照顾，所以只能把牵挂深藏心底，全力同继母崔氏勤俭持家。

　　黎元洪与吴敬君结婚数年，仍未生育，加上二人本就相隔甚远，因此都挺着急。好不容易盼到了1891年5月，黎元洪随舰参加校阅，回家小住了一段时间。小别胜新婚，两个人在一起卿卿我我，过得非常开心。其后，继母崔氏也经常安排两人见面，她曾让吴氏专门到上海和南洋与黎元洪小住几天。没多久，吴敬君便怀孕产下一男婴，可惜的是还没等到起名，孩子就夭折了，吴氏为此伤心不已。好在1894年甲午战争前夕，黎元洪再次随舰返北洋校阅，在家小住期间，黎元洪好好安慰了吴氏一番，这才让她的心情缓解不少。

甲午战争，黎元洪在黄海海战中跳海逃生。一番曲折回到天津后，他发现清政府正在追查"济远"舰管带方伯谦和"广甲"舰吴敬荣临阵逃脱之事。最终，方被判军法处绝，吴则被削去顶戴，黎元洪因与逃脱之事有牵连，也被监禁了数月。这段时间内，吴敬君自然也一直在为丈夫提心吊胆。

幸好不久后，黎元洪便被无罪开释。而此时，恰好传来署理两江总督张之洞招聘水师人才的消息，黎元洪便在老师萨镇冰的举荐下，到南京投奔了张之洞。黎元洪专业功底深厚，人品贵重，张之洞对他非常赏识。1896年春，张之洞受朝廷调遣，回湖广任职，他便将黎元洪一同带了过去。两年的时间，黎元洪的境遇变化显著，他现在有了张之洞这个靠山，自己的生活也稳定了许多。因此，黎元洪很快就专程去天津北塘，将吴敬君与继母崔氏及黎元泽一同接回武汉。吴敬君自己也没想到，20年前离开湖北时，她还不过是个童养媳，20年后回来，她已是一位新军将领的夫人了。

1897年秋，吴敬君又生下了第二个孩子，可这个孩子还是没能摆脱早夭的命运，吴敬君更加悲痛欲绝。不管黎元洪如何安慰，她的心情都不能平复。渐渐的，吴敬君怀疑自己无子的原因是公公、丈夫身为军人杀生太多。为了消灾，她遂开始吃斋念佛。

功夫不负有心人，1901年6月16日，吴敬君终于生下了长女黎绍芬，夫妇二人欢喜异常，对这个孩子也爱若掌上明珠，从此家中开始有了新的生机。吴敬君始终认为，是自己每天吃斋念佛感动了佛祖，从此更成了一个虔诚的佛教徒。几年间，黎家可谓喜事连连。黎元洪不久被提拔为湖北新军第二镇统制，在湖北军中已是数一数二的人物。1903年7月7日，吴敬君又生下了长子黎绍基，这使黎元洪更是喜出望外。他想到吴敬君一直以来任劳任怨、勤俭持家、恪守妇道，对吴氏更是恩爱有加。

黎元洪与夫人吴敬君。

....

对恪守中国传统妇道的吴敬君，黎元洪始终十分尊重，两人一生恩爱有加。

不过，这之后没多久，就发生了一件考验二人感情的事。1905年初，朝廷派铁良考察湖北新军的训练情况。考察之余，黎元洪陪铁良到汉口的"书寓"春院喝花酒，结果醉宿于妓女危红宝处。这一醉宿不要紧，最后黎元洪竟误打误撞地纳了危红宝为妾。这时的吴敬君做何感想呢？吴敬君以一颗宽宏大量的心来看待这件事。纳妾在旧中国是再正常不过的事，吴敬君也知道，自己的丈夫平时从来不寻花问柳，这次必定是有些特殊，因此也就容忍了丈夫的行为。同时，吴敬君也以往日两人的恩爱劝说丈夫，纳妾这件事，到此为止就可以了。这一点我们从后来也可以看出，即便是黎元洪当了大总统，也依旧是只有一妻一妾，而不像其他不少旧式官僚妻妾成群。

眼见黎元洪深受张之洞的赏识与厚爱，黎的上司张彪一直心怀妒忌。对此，黎元洪心知肚明。他非但不介意，反而对张彪宽容以待，时常在关键场合照应张彪。张彪深受感动，对黎元洪的态度也逐渐有所改变。1909年6月，吴敬君40岁生日，张彪捧着厚礼到黎元洪家祝贺。在房间里，张彪见吴敬君一身粗布衣服，干着家务，十分惊诧，他恭维吴敬君说："你真是朴实无华，名实相符，如你的夫君一样啊！"吴敬君立刻回答说："夫君所得的收入只能供家中所用及资助贫困的亲友，哪里有余钱来为我增添华丽的衣服呢？"回去后，张彪派人向吴敬君赠送了一些上好的衣服，但被吴敬君拒绝了。张彪又怂恿其妻同吴敬君结为姐妹，结果又被吴敬君婉言回绝了，张彪对此颇为不爽。黎元洪听说后，更加感受到自己夫人德行高尚，对她也愈加尊重。

1906年12月29日，吴敬君在武昌生下次女黎绍芳，这个女儿聪明可爱，后来还很孝顺，颇得黎元洪夫妇喜爱。1911年7月29日，吴敬君又生下次子黎绍业，这也是两人的最后一个孩子，此时吴敬君已经42岁了。

3个月后，随着一件事情的发生，吴敬君的身份再次发生了重大转变。

　　10月10日，武昌起义一举成功，黎元洪被公推为鄂督。中华民国成立，黎元洪又被选为副总统。这一下，吴敬君成了副总统夫人，这对吴敬君而言真是恍然若梦，但她并没有因为这突如其来的荣耀而改变什么，依然是不忘初心，本本分分，勤俭持家。

　　在吴敬君一生中，基本从来不会过问夫君黎元洪的政事。一来她本身就是一个安分守己、恪守妇道的人。二来，她本身思想也较为陈旧，难以跟上时代的形势，加之自己教育水平不高，自己也知道在很多地方帮不上黎元洪什么忙。

　　但是，凡事都有例外。袁世凯欲图称帝那会儿，十分想找到合适的人帮自己一把。他盯上了黎元洪，想封黎元洪为"武义亲王"。黎元洪是一推再

1914年，副总统黎元洪和夫人，与来访的美国"木材大王"罗伯特·大来夫妇合影。

推，生怕袁世凯再找自己。可此时不明所以的吴敬君就觉得，黎元洪总是一味地推辞并不好，她觉得中国如果真能有个皇帝，也不是什么坏事儿，自己的夫君就不要驳人家的面子了。她将这个想法告诉了黎元洪，立时被黎元洪怒斥了一顿："你个妇道人家，知道什么啊！"

被丈夫如此一说，吴敬君心痛不已，自此之后决定不再干预丈夫的政事，而两人也因此产生了一些裂痕。黎元洪自从搬出中南海住进东厂胡同后，吴敬君每日便只吃斋念佛和做家务，其他事全然不理。袁世凯去世后，黎元洪当上了大总统，吴敬君俨然成了中华民国的"第一夫人"，但她却仍旧游离于外，好像跟她没多大关系一样。

不过，虽然吴敬君不懂国家大事，但有时候她的预判是很准的。1922年，黎元洪二度担任总统之前，她便看出黎此次复出恐和上次一样，结局不会太好。但她又不便阻止，因此便让丈夫带着如夫人黎本危进京履职，自己则与孩子们留守天津，这样一来能看着自家产业，二来也能让丈夫万一落败也有个退路。吴敬君坐镇天津，除非有重大应酬之类的活动需要出面，她才会进一趟京。这次吴敬君的预判非常准，黎元洪的二度总统只当了一年，就又回到了天津。

吴敬君自始至终保持着中国妇女精打细算、勤俭持家的传统，这也为黎元洪去职后寓居天津的生活打下了基础。黎元洪刚刚发迹时，家庭生活还不是那么富裕，她吃穿用度一切从简，将省下来的钱在武昌乡下购地买田出租。而当丈夫黎元洪官阶渐升，薪俸增加后，她更是没少投资。用我们今天的话说，吴敬君真的很有投资眼光，而她的投资也的确派上过用场。1917年府院之争，张勋以调停人的身份入京，却拥立溥仪复辟。黎元洪追悔莫及，不得不重新起用段祺瑞为国务总理，为了躲避张勋的迫害，只得乔装打扮从总统府逃出，进入日本公使馆避难。黎元洪有难，他的家里人同样需要赶快撤离。

吴敬君接到夫君要他们迅速离开的信后，便安排全家人分批进入法国公使馆。之所以能到法国公使馆避难，是因为容龄的缘故。容龄为晚清驻法大使裕庚之女，她本人曾在法国留学，同法国人关系甚密。由于黎元洪长女黎绍芬的推荐，容龄来到总统府礼官处，成为一名女交际官，还认了吴敬君为义母。有这层关系在，黎家才得以进入法国公使馆。很快，黎宅内又闹出了卫兵行刺事件，吴敬君便立即催促丈夫赴津，因为那里有之前自己购置的房屋，可以保护一家平安。吴敬君平日的投资，危急时刻算是派上用场了。

中国传统的老人总是有早点抱孙子的心理。1921年，18岁的黎绍基遵从57岁的父亲和51岁的母亲之命，归国完婚。黎绍基的妻子是与他同岁的江苏无锡人唐闳律，其父唐浩镇是黎元洪一度总统时的总统府监印官。二人婚后没多久，吴敬君就抱上了孙子。从此，家中之事她更少露面，而是专心安享天伦之乐了。

1928年6月3日，黎元洪去世，死前嘱咐吴敬君"丧葬从简"，并明确表示两人未来要葬在一起。仅仅两年后，吴敬君病逝于天津，终年60岁。

吴敬君去世三周年时，黎家上下为她举行了隆重的纪念仪式，并将她与黎元洪的灵柩一起从天津移至武昌。从流传至今的照片，我们可以看到当时场面之隆重，也可看到黎元洪、吴敬君的4位子女对二老的一片孝心。

相较于吴敬君，黎元洪的姨太太黎本危的一生则更为传奇。

他在武昌当协统时，月俸五百两银子，生活很富裕。当时文武同僚们都纳妾，我父和我母感情很好，初期有人劝他纳妾，他说："我太太跟我受过苦，不能对不住她。"后来我姑祖母为他找了一个陶姑娘，辛亥革命后，又以三千元买了

1933 年，吴敬君去世三周年，黎元洪夫妇的灵柩也将一同被移至武昌，黎府特地举行了仪式。图为主持仪式的两位僧人在容安别墅主楼楼梯口合影。

负责主持纪念仪式的高僧。

图为设在厅堂的灵堂。

厅堂内涌满了致祭的人群。

吴敬君去世三周年，黎元洪夫妇灵柩移运武昌之前，黎府举行了纪念仪式，一位僧人坐在祭台前。

图中左为主持纪念仪式的僧人，右为黎家长子黎绍基。

主持仪式的僧人正在超度亡灵。

厅堂内挤满了人，地上放着跪垫。

容安别墅院中正在举行法事，一旁坐着特地
赶来的宾客。

众法事执事人员头戴毗卢冠，桌上摆放着祭品。

做法事的大师们各司其职。

院内地上放满跪垫，还有一些来宾则坐在一旁的座椅上。

仪式进行中，院内有人正在跪垫上跪拜。

院内的桌案旁坐着负责做法事的人。

院内烟雾缭绕，桌上摆满祭品。

纪念活动人数众多，容安别墅院内摆满了座椅。

参加纪念活动的有不少孩子和老人，他们可能为黎大总统家的服侍人员及其后代。这些人正在容安别墅院内准备行礼致祭。

参加纪念仪式的人在北京雍和宫的
法轮殿前等候。

一个，便是后来人们都说的如夫人危文绣。危文绣为陶姑娘
所不容，陶姑娘遂负气自动离去。虽然有了危文绣，但每逢
正式宴会或招待外宾时，向例由我母出面，不要危出场。房
产地契一类贵重东西，只把法律上不生效的副本放在危文绣
那里。

——黎绍基《黎元洪传略》

从黎绍基的叙述中，我们知道，原来黎元洪本还有一妾陶姑娘，只不过
后来她被更为人所知的黎本危所取代。这个黎本危究竟何许人也？

据考证，黎本危原名危红宝，又名危文绣，祖籍江西，她在小的时候家
乡遭遇天灾，父母双亡。为了能够有钱葬父，她流落到汉口烟花巷，成了汉
口"书寓"春院的名妓。

前面提到过，1905年，黎元洪因工作需要陪前来湖北考察新军的铁良到
"书寓"春院消遣，却没想到一不小心宿醉在了危红宝的房间。这位卖艺不
卖身的名妓对黎元洪心生仰慕，对于本就想赎身的危红宝来说，如能嫁给黎
元洪，必是自己一生的幸事。最后，在妓院老鸨的撮合下，二人结成连理。
危红宝更名为"黎本危"，成为了黎元洪的"如夫人"。由于粗通文墨，人
又机灵聪明，黎本危正好能在公私事务中给予黎元洪一些帮助。她与原配夫
人吴敬君一个主外，一个主内，相处得还算和睦。

武昌首义后，黎元洪于1911年10月11日被推举为鄂督。然而不久，清
朝大军赶来湖北，意图扑灭革命。湖北新军与清军在汉口、汉阳等处激战，
伤亡惨重。在这关键时刻，黎本危作为黎元洪的代表，到各个医院探望新军

受伤的士兵，她每到一处都表示"都督本拟亲来，因军务吃紧，不克分身，特命妾代达微忱"，下级伤兵闻此，都很感动。逐渐地，黎本危越来越多出现在公共视野中，她也算是民国史上第一位涉足政坛的如夫人。

1912年4月9日，已辞去临时大总统职务的孙中山，应黎元洪之邀来到武汉。4月10日，都督府举办盛大宴会，黎本危亲自出面招待孙中山夫人卢慕贞及其女儿孙娫、孙婉。宴会之余，黎本危与孙娫、孙婉达成了合办女子学校的意向。仅一年后，她们创办的湖北第二女子师范学校就落成了。

1913年10月，袁世凯正式就任中华民国正式大总统，黎元洪为副总统。为防止黎元洪在湖北军权太大，袁世凯派段祺瑞赴鄂，逼黎元洪进京。来了北京的黎元洪，却发现自己只能居住在当年囚禁光绪帝的瀛台，心里十分无奈。当时，随侍在他身边的一直是黎本危。据说袁世凯为了表示安慰，曾经专门安排京汉铁路局用火车定时运送黎元洪、黎本危喜欢吃的洪山菜苔和樊口鳊鱼到京。不知两人吃下这些菜时，心中是何感受。

1914年9月26日，黎元洪终于从瀛台迁到了东厂胡同。摆脱了"囹圄"的黎本危，也终于有了机会展现自己的交际能力。据说她跟着老师学习英语、法语，跟外国人直接对话不成问题。由于黎本危对西方礼仪甚是知晓，因此每当有社交舞会，就由她负责招待女宾。也正因为如此，黎元洪在民国几位大总统中，与外交界人士关系最近。而只要是京津人士，也基本都知道黎本危女士的大名。

在平日的生活中，黎元洪也十分信任黎本危。1923年二度下台前，他将大总统印信交给黎本危，并让她去位于北京东交民巷的法国医院。在黎元洪乘坐专车前往天津的途中，直系军阀王承斌将其拦截并索要印信。黎告诉王，印信在黎本危那里。北京警察总监薛之珩立刻找到了黎本危，而黎本危坚持一定要黎元洪打来电话才交出印信。黎元洪本想一拖再拖，最后无奈也只得缴枪投降，给黎本危打了电话，交出了印信。将印信这样重要的物件交给自己的如夫人保管，可见黎本危在黎元洪心目中的地位。

从青楼女子到总统夫人，黎本危的人生已经够传奇了。但是，恐怕谁也没想到，黎元洪去世后，黎本危还有一段更为传奇的故事。

1928年5月25日，黎本危陪黎元洪到英租界看赛马，没想到黎元洪急火攻心，晕倒在地。6月3日，黎元洪在天津去世，两年后原配夫人吴敬君去世。据说黎元洪在去世前曾留下遗嘱，将其天津房产留给黎本危。原本黎元洪子女就与黎本危关系一般，房产一事，让双方更为不和。

黎元洪去世时，黎本危毕竟只有40岁，她决计改嫁。黎本危与天津绸缎商铺的店员、比她小10岁的王葵轩公开交往，在当时那个年代，这可是件非同寻常的大事。黎元洪的子女对此颇为不满，大女儿黎绍芬警告黎本危，如果不能遵守妇道的话，就将其扫地出门。黎本危也不甘示弱，于1932年携带黎家遗产证书出走青岛，并且一纸诉状告到法院，要求分家产。因为手上持有黎元洪的遗产证书，因此黎家在天津的房产大部分都为黎本危所得。黎本危将房产出租给了天津东兴楼饭庄，自己挟数十万资金与王葵轩在青岛开了家绸缎铺。王葵轩经营有道，绸缎商铺生意兴隆，才两年的时间，王葵轩在青岛已经是小有名气。而此时的黎本危足不出户，做起家庭主妇。正当青岛人对黎本危渐渐淡忘时，一件事情发生了。王葵轩和黎本危准备结婚，二人立刻向青岛商界发出请柬，并于1934年在青岛有名的国敦大酒店高调地举行了婚礼。然而，黎本危毕竟早就名声在外，而她这样出名，当然是与黎元洪有关。王危二人高调结婚，让不少敬仰前大总统黎元洪的军政大员感到非常不满。不少人上书青岛市政府，要求对这种伤风败俗、有损政府

黎本危1924年4月随黎元洪访日时，二人同神户中华同文学校学生合影之局部。

颜面的行为予以惩治。

时任青岛代理市长的沈鸿烈感到十分震怒，他下令警察局抓捕了王葵轩，并查封了他在青岛的绸缎铺，理由是王葵轩竟坑蒙拐骗黎大总统的钱做生意。而黎本危则被直接驱逐出了青岛！

黎本危孤身一人来到了杭州。不久，她就收到了王葵轩托友人从天津转来的信。王葵轩在信中说，他答应了沈鸿烈开的出狱条件，今后不打算再和黎本危有任何往来了。王葵轩还在信中说，他就是个普普通通的老百姓，本不该和黎本危这样的交际花产生任何感情。看到这封信，想到自己的境遇，黎本危心寒了，她打算在西湖附近的一所寺庙里度过余生。就在此时，1935年2月9日，66岁的前任总理熊希龄与33岁的留美才女毛彦文在上海隆重结婚。当时的报纸对这场婚礼持续报道数月，气氛也是相当祥和。这番热闹的场面，让黎本危产生了强烈的心理失衡。

熊希龄是黎元洪早年的部下，黎本危与他也曾有所接触。看到熊希龄与毛彦文之间老夫少妻、白发红颜，黎本危感到非常悲愤。她套用熊希龄写给毛彦文的定情诗词《贺新郎》的曲调，写下另一首充满悲情的诗词，并将此诗投寄给上海《申报》，诗词写道：

> 往事嗟回首，叹年来，惨遭忧患，病容消瘦。欲树女权新生命，唯有精神奋斗。黎公去，谁怜薄柳。天赋人权本自由，乞针神别把鸳鸯绣。青岛上，得相手。琵琶更将新声奏。虽不是，齐眉举案，糟糠箕帚，相印两心同契合，恍似当年幼。个中情，况自浓厚。礼教吃人议沸腾，薄海滨无端起顽汹，干卿事，春水绉。

这首诗词发表在《申报》的《妇女园地》栏目，引起了广泛关注。有一位名叫孙黻章的读者向《申报》投稿，以《男女对照表》为题，将黎本危再嫁与熊希龄续娶进行对比："黎本危再嫁王葵轩，新故交谪，逐出青岛；熊希龄续娶毛彦文，宾客趋贺，欢腾歊浦。"

不过，这场风波并没有持续多久。黎本危后来去了哪儿，也没了下文。有的说她出家为尼，还有的说她隐姓埋名活到新中国成立之后。黎本危的传奇一生，给了我们一个谜一样的结尾。

黎家后代

黎元洪的仕途并不顺畅，他一生两度担任大总统，却都没落得好结果。而在生育子女方面，黎元洪与其结发妻子吴敬君，也曾遇到过麻烦。

黎吴二人相识于1877年，当年吴敬君便进入黎家成了一名童养媳。1883年，二人正式成亲。但婚后很长时间，两人都没有子女。吴敬君好不容易生下了一子一女，但这两个孩子都还没命名就已夭折。1901年，黎吴二人的长女终于出生，黎元洪为其取名绍芬。后来，吴敬君又分别于1903年、1906年和1911年诞下二子一女，分别为长子黎绍基、次女黎绍芳和次子黎绍业。

黎元洪的长女黎绍芬，字介繁，1901年6月16日生于武昌。1917年毕业于天津南开中学。1919年，黎绍芬入南开大学，她入学的那一年，男女生刚刚开始允许同班。黎绍芬的班里有一位后来全中国人民都熟悉的人物——周恩来。1923年，黎绍芬顺利从南开大学毕业。

黎元洪自幼就接受了新式教育，还曾三赴日本"游学"，他明白教育对一个国家有多重要，因此，他对自己子女的教育问题极其看重。从南开大学毕业后，黎绍芬便远赴美国哥伦比亚大学，攻读硕士学位。当时黎元洪正当着民国大总统，因此黎绍芬在国外每到一处，都会受到高级礼遇。据说她途经日本时，日本皇室按照接待中国"公主"的礼仪接待他，而等黎绍芬到了美国，美国总统还在白宫接见了她。

黎绍芬到美国后，给自己起了一个跟希腊国名一样的英文名：Greece。入哥伦比亚大学之后，黎绍芬先进巴拿学院，后又选定教育学院攻读教育学学位。1927年，她学成归来，在天津市教育局任督学。黎绍芬的归来，让政坛失意的黎元洪很是高兴，因为当年在如此多的官僚、军阀子女之中，能留洋，并且还是从哥伦比亚大学攻读硕士回来的，可谓寥寥无几。其实别说那个年代，就是放到今天，上哥伦比亚大学，也不是件容易事。黎绍芬归国时，黎元洪还特地将他的其他几位子女都叫回天津，他大摆宴席，为女儿好好庆祝了一番。

可能是受了自己妹妹婚事的影响，黎绍芬曾一度抱有独身主义的态度。直到32岁，她终于和天津的世家子弟徐璧文成了亲。不过，黎绍芬的婚事一开始可是让黎元洪有点不爽，因为黎元洪起初看中的是晚清洋务运动倡导者薛福成的孙子薛观澜。谁曾想，这薛观澜虽然也是从美国留学回来的，思想上却和黎绍芬不太一样。薛观澜在婚姻观念上很传统，他觉得黎绍芬西化过深，不适合自己，最后娶了袁世凯四姨太生的袁仲祯，黎元洪为此还生了一肚子气。

婚后，黎绍芬辞去工作，安心做一名家庭主妇。抗战胜利后，她曾出任天津市政府顾问，还经常参加南开大学校友会、天津基督教女青年会等活动，在天津名噪一时。1947年，她成为天津女二中的校长。

黎元洪夫妇与子女们在一起。站立者左起：次女黎绍芳、长女黎绍芬、黎元洪、长子黎绍基、次子黎绍业、长媳唐闳律。坐者为吴敬君。照片约摄于1921年。

中华人民共和国成立后，黎绍芬加入了八大民主党派之一的民革，她通过在中国台湾和美国的亲朋好友和老同学，做了大量统战工作。"文革"期间，黎绍芬成为被迫害的对象，这使她身心遭受重创。1966年12月9日，黎绍芬心脏病猝发，不幸逝世，享年66岁。黎绍芬与徐璧文育有一子一女，儿子徐保罗，女儿徐世敏。

黎元洪的长子黎绍基，字重光，在家排行老二。他1903年7月生于武汉，1920年赴日本贵族书院读书。1921年，黎绍基从日本短暂回国，与黎元洪第一次当大总统时的总统府监印官唐浩镇之女唐闳律成亲。1923年，黎绍基转而入读南开大学政治学系。1925年"五卅惨案"发生后，当时正上大学二年级的黎绍基加入了南开大学"五卅惨案"后援会，是募捐组组长。

在政界沉浮多年的黎元洪，不希望他的子女们再走他这条路。黎绍基听从了父亲的意见，并继承了父亲所投资的各种实业公司内的全部职务。他在中兴煤矿担任董事，还在山东济南鲁丰纱厂兼任常务董事，成为了一名实业家。

抗日战争爆发，山东中兴煤矿被日本侵略军强行侵占。无奈之下，黎绍基避居上海，他怀着一颗爱国之心，对日本人提出的合作表示拒绝。抗战胜利后，黎绍基立刻重新投入到实业中。1948年，国共内战，国民党战局不利，当局欲强行征用中兴轮船公司停泊在上海的海轮，用以驶往台湾基隆港。黎绍基为此特赴台湾与国民党交涉。他以船只需要维修为名，让一部分船只驶离台湾基隆而停泊在了香港。而后，他将家里人也都迁往香港，在那里静观时局的变化。

1949年中华人民共和国成立之后不久，黎绍基接到了赴北京列席全国交通运输会议的邀请。参加会议期间，当时的总理，也是黎绍芬的南开校友周

这张照片记录了黎元洪长孙黎昌复周岁时抓周的情景。照片中的黎元洪向镜头一乐，表现出发自内心的喜悦。中国人自古就认为，老了能早点儿抱孙子，颐养天年，是件再美不过的事情。黎元洪虽曾贵为大总统，在这一点和一般人并没有差别。照片中最左边两位是黎绍基和妻子唐闳律。照片约摄于1923年。

黎家全家福。站立者左起：唐闳律、黎绍芬、黎绍基、黎绍业、黎绍
芳。坐者为吴敬君和黎元洪。最前为黎绍基长子黎昌复。照片约摄于
1927—1928年间。

黎元洪夫妇与子女们在寓所内合影。坐者左为吴敬君，右为唐闳律。
站立者左起：黎绍业、黎绍芬、黎元洪、黎绍芳、黎绍基。照片约摄
于1923年。

恩来还特别接见和宴请了他。宴请时，黎绍基就坐在周恩来的身旁。周恩来对他关切地说，"宋卿先生有句名言'有饭大家吃'"，迎来满堂欢笑。作为黎绍基姐姐黎绍芬的同学，周恩来自然问起了黎绍芬的近况，他还亲切地回忆了当年在南开上学时的种种往事。

这次会后，黎绍基看到新中国百废待兴，正是各行各业包括实业界大发展的好时机。黎绍基改组了中兴煤矿董事会，由他本人担任董事兼总经理，并组成了中兴煤矿新的董事机构。他还曾任中兴轮船公司董事长和枣庄煤矿公司副董事长。黎绍基还将1948年起中兴轮船公司停泊在香港的轮船驶回内地，自己也带着妻子唐闳律和次子黎昌胤由香港返回到上海定居。黎绍基将留港船只开回内地的义举，也从侧面坚定了当时在港的两家航空公司——中国航空公司（简称中航）和中央航空公司（简称央航）返回内地的决心。这两家航空公司曾经在国民政府统治时期占有重要地位。1949年11月9日，中航、央航毅然决定实施"两航起义"，大批技术业务人员回归内地，他们也成为了新中国民航事业建设的重要技术骨干力量。

1951年，应中央人民政府的邀请，黎绍基又前往北京商议私营工商业的调整问题。回到上海之后，黎绍基即与其他董事一起申请将中兴煤矿公私合营，这个提议很快获得批准。应该说，黎绍基为新中国煤矿事业的发展呕心沥血，作出了极大的贡献。而中兴煤矿旗下的中兴轮船公司，将所有的海轮都悬挂上五星红旗，行驶在中国的远洋航线上。后来，中兴轮船公司的航运业务也一并纳入上海航运局的规划之内，中兴轮船公司也成为新中国航运力量中的骨干。

"文化大革命"期间，黎绍基遭受到了严重迫害，但他怀着对新中国的一种信念，坚强挺了过来。粉碎"四人帮"后，黎绍基曾任上海市徐汇区政

黎家后代合影。后排站立者左起：黎绍基、黎绍基的长子黎昌复。前排坐者：黎绍基妻子唐闳律、黎绍业妻子刘孝琛、黎绍业。最前面的三个孩子，从左到右应为黎绍基的长女黎昌懿、三子黎昌初、次子黎昌胤。照片约摄于1936年。

协副主席、市工商联常委、市侨联委员以及徐汇区侨联主任委员。1983年1月31日，黎绍基在上海病逝。黎绍基共有三子一女，现如今，他们分别定居在美国和加拿大。

黎绍基的长子，也就是黎元洪的长孙，名黎昌复，1922年生于天津。黎昌复从耀华小学毕业后，考入了南开中学。初中二年级时，由于患了伤寒，只得在家养病。抗战爆发后，黎昌复随全家搬到汉口居住，并先后转到武汉大学附中和东湖中学就读。一年后，全家又搬到了上海法租界，黎昌复转入南洋中学继续念书。

1942年，日本军国主义侵华战争不断加剧，当时黎绍基建议黎昌复去重庆，因为那里属于后方，相对安全。黎昌复听从了父亲的意见，经过两个月的辗转，到达重庆求学。而后，黎昌复考入了复旦大学经济学专业。入学一年半之后，黎昌复积极响应政府和学校的号召，参加了抗日战争。他离开校园，为美军担任了一年半的翻译，以自己的力量为抗战的胜利做出了贡献。

1945年抗战胜利后，黎昌复回到上海，在复旦大学继续学习，直至完成全部学业。1946年，他选择赴美深造，在纽约大学学习国际贸易。随后，他回到父亲的公司，协助中兴轮船办理航务，并负责将公司购买的11只货船押运到上海。1954年，他与毕业于清华大学的姚念华结婚，两人感情甚好。婚后，黎昌复在美国从事广播事业的经营。1971年，他进入美国社会安全福利总署工作，并在之后担任该部门在夏威夷的机构负责人。1990年，黎昌复退休。

黎绍基的独女名叫黎昌懿，1929年出生于天津，在家排行老二。1950年，她赴美留学，在宾夕法尼亚州摩西赫斯特大学攻读营养学专业。经过刻苦学习和长达一年的实习，黎昌懿于1954年毕业。随后，黎昌懿在洛杉矶经营房地产生意，成为一名事业有成的商人。

黎绍基的次子名叫黎昌胤，1932年生于天津，后随父母移居上海。在上海，他曾先后就读于南洋中学和圣约翰大学建筑工学院。1952年，黎昌胤出国读书，他先是在加拿大曼尼托巴大学取得建筑学学士学位，后又赴苏格兰爱丁堡大学，取得硕士学位。黎昌胤夫人宋幼娟，为港沪巨商宋文魁之女，生长于上海。同黎昌胤一样，宋幼娟也是一名建筑师。1972年，夫妇二人在加拿大多伦多共同开办黎氏建筑事务所。2002年，二人双双退休。

黎昌初，黎绍基之幼子，1933年出生于天津。黎昌初小的时候在上海古柏小学和南洋初中念书，后在香港华仁书院念完高中。1952年，黎昌初同他的哥哥姐姐们一样，远赴大洋彼岸，到美国读大学。1957年，黎昌初在马里兰大学电机科毕业，并在同年年底和李碧澄结婚。1963年，黎昌初和四位工程师一起合办了一所电机公司。1970年，黎昌初升任总经理。1973年，他又和两位朋友合办了一所生物学研究院，并担任总经理长达17年。1990年，黎昌初退休。

黎元洪的次女名为黎绍芳，她于1906年12月29日生于武昌，在黎家排行老三。黎绍芳自幼聪明伶俐，深得父母喜爱。1913年之后，黎绍芳随父母来到北京。她还曾在南开大学读预科一年，算是延续了黎家儿女"人人进南开"的传统。

然而，与一生顺风顺水的大姐黎绍芬相比，黎绍芳的人生不得不用悲剧来形容。这一切，都因为她的婚事。

1914年春，大总统袁世凯请副总统黎元洪一家去他家做客。袁世凯把自己的儿女都叫来，并对黎元洪说："我们两家要交换，你给我一个女儿做儿媳，我也给你一个。"黎元洪说："我先给你一个吧！"黎元洪问袁世凯要自己的哪个女儿，袁表示并不计较是哪个，只要是黎家的女儿就行。

黎元洪为什么这么痛快就答应了呢？因为自1913年到京后，黎元洪基本就一直属于被"囚禁"状态，这个手中无任何权力的副总统，深知自己的命运，也深知袁世凯是想用联姻的方式将两家人变为一家人，以更好地利用自己这个"老实人"。黎元洪能料想到，自己如果不答应，会是怎样的结果，因此，他就算是一万个不愿意，也只能硬着头皮答应了。

据黎绍基的记述，当时两家商定，交换姻亲的办法有两种，一种是当时仅8岁的黎绍芳嫁给袁世凯的儿子。袁世凯的第九子与第十子年纪差不多，黎家可以任选一个。还有一个办法，那就是袁世凯的女儿嫁给黎绍基。结果这件事遭到了黎元洪原配吴敬君的强烈反对。为此，吴敬君和黎元洪还闹出了不和。一直关系很融洽的两人，竟然在一个月内互相不理睬。

吴敬君为何如此不满呢？因为过去的人是讲究"嫡庶"的。在吴敬君看来，她的两个女儿都是自己亲生的，是嫡出，而袁世凯的九子、十子都是姨太太生的，是庶出，她可不能让自己的嫡女去嫁给人家的庶子。黎元洪赶紧跟她解释说，袁世凯那么多的子女，除了长子袁克定是嫡出，其他都是姨太太生的。费尽了口舌，吴敬君终于算是同意了。结果，黎绍芳成了牺牲品，同袁家九公子袁克玖结了亲。

订婚后才两年，袁世凯就一命呜呼了，但是这门婚事并没有因此取消。据大姐黎绍芬记述，黎绍芳对这门婚事很不满意，每天都闷闷不乐，她觉得自己已前途无望，在南开大学的预科也只读了一年，就退学在家呆着。后来，黎绍芳也曾和父亲商量退婚的事，但黎元洪认为既然都已经订了婚，又怎么好反悔呢？

到了1930年，袁克玖从美国留学归来，在天津耀华玻璃总厂担任英文秘书。袁黎二家的婚事又被提了起来。但此时黎元洪夫妇均已去世，黎绍芳的抑郁也愈发严重了。黎家向袁家表示，黎绍芳精神不正常，是否还准备迎娶？结果得到的答复是，肯定要娶。袁家还说："婚后老九陪她玩玩就会好的。"袁克玖还对黎家说："我是为我的父亲才答应和令妹结婚牺牲我自己的。"而这门婚事对于黎绍芳来说，不也是牺牲吗？

婚后一年多，袁克玖就纳了妾，而黎绍芳病情加重，被送进了北京精神病疗养院。抗战胜利前夕的1945年4月15日，黎绍芳去世（一说为新中国成立后去世），身后无儿无女。

黎元洪的次子，也是黎家的老小，名为黎绍业，字仲修，1911年7月29日出生于武汉。由于黎绍业自幼体弱多病，所以他的学业大多是黎元洪为他延聘家庭教师，在家中完成的。1926年，黎绍业曾经入南开中学，但仅就读半年后，便因病休学。黎绍业在家，继续由家庭教师向他授课，他自己也自修了不少英语、数学、物理、化学等科学文化知识。

1928年到1930年，黎元洪和吴敬君相继病逝，当时还不满20岁的黎绍业很是悲伤。不久之后，他开始协助兄长黎绍基共同经营实业，并担任河北磁县怡立煤矿公司的监察人。正是由于黎绍业的勤俭与敬业，到1936年，黎家终于全部还清了黎元洪晚年兴办民族工业时向银行借的贷款。1935年，黎绍业与刘孝琛结婚，其岳父是刘冠雄。刘冠雄早年学习船政，1886年又被官费派到英国学习枪炮，1894参加过甲午战争，还担任过海军总长、交通总长、教育总长等职，1923年隐居津门。黎刘两家，算是门当户对了。

抗日战争爆发后，平津相继沦陷。黎家所投资的各个矿厂也都先后被日寇侵占，黎绍业遂回到英租界暂时避祸。1941年，日伪军曾强派黎绍业担任伪保甲牌长，他冒着生命危险坚决不接受，体现了一腔爱国情怀。

1945年后，黎绍业重新投入到实业中。他曾先后担任久大盐业公司监察人、青岛永裕盐业公司董事、焦作中原煤矿公司监察人等职务，1950年又成为天津鼎中盐业公司专员。1955年，黎绍业任合营后的天津永利碱厂、久大化学工业公司董事。1965年8月，黎妻刘孝琛病逝。"文革"期间，黎家又遭到抄家的厄运。

20世纪80年代，黎绍业先后担任第六、七届全国政协委员、第六届天津市政协委员，并被聘任为天津文史馆馆员。他还是"民革"天津市委顾问、天津市佛教协会理事、天津市音乐协会会员。1996年2月9日，黎绍业因病逝世，享年85岁。

黎绍业与刘孝琛共育有二子二女。

黎昌骏，黎绍业长子，20世纪60年代初从天津大学毕业，后来主动要求到新疆支边。黎昌骏在新疆生产建设兵团农四师工作，"文革"中被迫害，不幸去世。

黎昌若，黎绍业长女，太原工学院毕业后被分配到大连电厂工作。后在农村下放劳动期间染病，调回天津后不久于1977年病逝。

黎昌履，黎绍业次女，1937年6月5日出生，1960年毕业于河南新乡师范学院，先后任教于河南洛阳林业专科学校、天津理工学院，现已退休。

黎昌晋，黎绍业次子，1959年8月生，1976年10月参加工作。黎昌晋毕业于南开大学周恩来政府管理学院行政管理专业，曾供职于天津市第六十一中学、天津市环保局等单位。现任全国工商联副主席、天津市政协副主席、天津市工商联主席、天津市商会会长、天津市党外知识分子联谊会会长。

黎元洪葬礼

1923年6月，黎元洪辞去总统之位，同年11月，他赴日本养病、旅行。半年后，他回到天津，自此彻底归隐。

黎元洪的晚年生活还算舒心。他潜心于实业，乐在其中；他喜好书法，经常泼墨挥毫；他散步、骑马、打网球、种花，总是闲不下来。据说他还饲养了两只孔雀，茶余饭后欣赏孔雀开屏的风采。

但是，黎元洪的身体也确实一日不如一日。他本来就有糖尿病，这两年又有高血压。1926年10月，黎元洪突患脑溢血，经及时抢救，病情有所好转，1927年春天才基本恢复。即便如此，他也不能再像以前那样打球、骑马了，唯一的健身方式就是散步或者偶尔郊游。

黎元洪的身体已经经受不了沉重的打击，可偏偏此时，一个坏消息如晴天霹雳般砸向他。1928年5月，蒋介石的北伐大军要没收中兴煤矿。这中兴煤矿可是黎元洪投资最大的实业，他一听说要被没收，立刻血气上涌。黎元洪赶紧派人找到谭延闿，请他向蒋介石疏通。蒋介石说，别人的我当然没收，但黎元洪的不会没收。可是没过几天，蒋介石就为筹集北伐军饷，向中兴煤炭摊派"二五库券"100万元。黎元洪想尽了办法，又将库券打了折扣才应付过去。没想到过了没几天，蒋介石又要求中兴煤矿出资军饷100万元。黎元洪担心中兴煤矿会被没收，哪敢不答应，只能再次忍痛割爱，这才将将挺过去。两关虽然过了，但中兴煤矿元气大伤，黎元洪的健康状况也是急转直下。

1928年5月25日，黎元洪来到英租界马场看赛马，突然急火攻心，晕倒在地。总统府医官及名医都来为黎元洪会诊，但都没什么效果。黎元洪自知，自己这次可能真的不行了，就叫来秘书瞿瀛，起草遗书。黎元洪在遗书中，对中国政治提出了八项主张：

一、从速召集国民大会，解决时局纠纷。

二、实行垦殖政策，化兵为农工。

三、调剂劳资，应适合民族心理及世界经济趋潮，统筹兼顾。

四、振兴实业，以法律保障人民权利。

五、正德、利用、厚生不可偏废，毋忘数千年立国之本，精神、道德、礼教，当视物质文明，尤为重要。

六、革命为迫不得已之事，但愿一劳永逸，俾国民得以早日休养生息，恢复元气。

七、参酌近今中外情势，似应采用国家社会主义。

八、早定政治方针与教育宗旨，以法治范围全国。

黎元洪还对家里人留下遗嘱："丧事从简，戒诸子潜心从事生产事业，毋问政治。"

6月3日下午10时，黎元洪逝世，终年64岁。

黎元洪，这位曾经的民国最高领导人，这位曾经叱咤风云的政治人物去世了，将如何对其进行安葬呢？在当时的中国，尽管各军事集团你争我夺，斗得不可开交，但是在黎元洪的安葬一事上，大家基本意见一致，那就是：要从优厚葬。

全国各大报纸于6月4日在显要位置刊登了黎元洪去世的消息。同时，黎元洪的遗嘱、生平以及社会各界对他的评论也同时刊载出来。由于去世时为夏天，遗体不可久放。因此去世第二天的下午2时，黎元洪的遗体便于其宅内入殓。棺木选用的是特制的黑漆楠木。入殓时，黎元洪身着大总统服，头戴大总统冠，身佩指挥刀，胸前佩戴着总统金牌，背垫金币7枚，双手各执银元宝，身上盖了衾褥、丝绵等。除此之外，棺内还放置了炭屑、灯草、雄黄、福尔马林等物，主要就是为了防腐。入殓完毕后，黎元洪的楠木棺被停放在黎公馆的戏楼中以供祭奠，并准备择日出殡。

6月8日，蒋介石国民政府发布优恤令，并嘱内政部按元帅典礼规范治丧。优恤令中称赞黎元洪"辛亥之役，武昌起义，翊赞共和，功在民国。及袁氏僭号，利诱威胁，义不为屈，凛然大节，薄海同钦"。6月26日，内政部拟定了治丧的主要内容：举行国葬，国葬费1万元（实际最后超过了这个数字），修建专墓，葬期由国府派员致祭等。7月3日，国民政府内政部部长薛笃弼又致电黎的长子黎绍基，称将对黎元洪实行国葬。

7月16日至18日为开祭之日。黎宅内的灵堂两侧摆满了社会各界敬送的挽联、花圈、祭幛等。国会议长王正廷及议员们所送的哀词长达一丈多，高悬于灵堂之上，显得十分引人注目。而最让人觉得别具一格的，还是章太炎送的挽联。挽联书："继大明太祖而兴，玉步未更，绥寇岂能干正统；与五色国旗同尽，鼎湖一去，谯周从此是元勋"，下署"中华民国遗民章炳麟哀挽"。章太炎将黎元洪比作先后在蜀汉、魏、晋三个朝代为官、身处乱世的谯周，称赞他善于应变。其实，章太炎是想当元末明初的重臣刘伯温，可惜自己找不到像明太祖一样合适的君主，因此也只能在老朋友的灵前感慨一番了。

开祭期间，来黎府吊唁者络绎不绝。7月16日当天，第三集团军总司令阎锡山自北京电令天津市，嘱各机关团体下半旗志哀。上午10时，国民政府代表、天津市市长南桂香着大礼服亲往致祭。7月17日上午9时，一个十分难得的场面出现了，跟黎元洪做了好多年死对头的段祺瑞，也亲自来到灵堂致祭。当时的报道里是这么记述的：段往吊黎"三鞠躬毕，喟然而退，似有无限感慨者"。而驻天津的各国外交官也于此日先后到场致祭。7月18日，蒋介石、阎锡山、李宗仁等人都派来了代表，当时担任天津警备司令的傅作义和河北省主席商震更是亲自到黎府吊唁。

7月19日上午8时，黎元洪的灵柩出殡，其子女等50余人身穿孝服，挽着灵车同行。黎的灵柩护卫严密，共有津埠警备3个连、保安队骑巡队1个连、手枪队一个连共5个连的兵力护送。这样隆重的仪式，在天津地区租界内绝对是首次，当时的报刊称其为"破天荒之大出丧"。出殡的路线是：从英租界19号路黎元洪公馆起，经法租界31号路、日租界芙蓉街，转福岛街、旭街，再经法、英租界，至容安别墅殡宫。家人遵照黎元洪的遗嘱，将其灵柩就暂安奉于此处。

到了7月底，天津的各个影院都加映了黎元洪出殡的新闻纪录片，不少民众通过影片了解到黎元洪葬礼的场面。不仅如此，天津演艺界还新编了历史话剧《黎元洪》，以公演的方式来表达对黎的缅怀。

10月中旬，国民革命军总司令蒋介石及冯玉祥、阎锡山、李宗仁、白崇禧、李济深、王士珍、商震等人联合在《大公报》发布公告，决定于10月26日至28日在北海公园天王殿举行黎元洪追悼会，追悼会筹备处设在了北海公园静心斋。追悼之日，北海公园门前特地新扎牌楼一座，上悬"薄海同凄"四个大字，天王殿头门素彩牌楼，满缀白花，中横四字"名垂千古"，两侧各为"首义""护国"大字。灵台设在大殿的前楹，正中悬黎元洪遗像，殿内放满了国民政府和各界人士送的花圈、挽联、祭幛等。

10月26日上午8时，追悼大会开始，黎元洪子女均站立在灵堂的祭桌左侧。参加致祭的既有民国新贵蒋介石、阎锡山、冯玉祥、白崇禧等人的代表，也有北洋遗老、京津故老王士珍、江朝宗、陈澜元、李济深等人，其他各省府代表、社会各界人士以及驻津的外国公使也分批来到北海公园致祭。

1930年，黎元洪的原配夫人吴敬君在天津病逝，国民政府仍旧准备了与黎元洪同样的棺木将其入殓。而根据黎元洪的遗嘱及其家属要求，1933年，国民政府决定将黎元洪夫妇的灵柩从天津运回武昌，并在武昌举行隆重的迎柩仪式。经过多方选择，最后决定的安葬地点为武昌卓刀泉南土宫山，国葬典礼定于1935年11月24日举行。此前，黎氏夫妇的灵柩暂安于武昌洪山宝通寺法界宫的藏经石库内。

1935年11月21日，国民政府通电全国，于3日后在武昌为原大总统黎元洪举行国葬，届时全国下半旗志哀，并停止一天娱乐活动。24日当天，参加吊唁的群众有5万之众。湖北省政府动用了4艘轮船、21辆专车负责接送。沿途的街道、会馆等均祭祀凭吊。上午11时整，鸣礼炮19响，送葬的仪仗队被分为8列来启灵下山。黎元洪夫妇的灵柩外套黑绒柜罩，鲜花扎盖，都被安放在彩龙大杠上，一棺需要86人来抬。当天似乎也是老天有意，下午时突然大雨倾盆。下午2时，灵柩终于抵达武昌卓刀泉墓地。下午3时，国葬典礼在101响礼炮声中开始，现场烛火如炬、烟雾缭绕、鼓乐齐鸣。国民政府委员李书城代表国民政府主席林森主祭，中央各部、院、会，各省代表以及外宾陪祭，前后有23人宣读了祭文。典礼完毕，黎氏夫妇的灵柩被安放入墓椁，椁内还洒红色朱砂并各置铜炉一个，取吉利、暖土之义。最后，

设在黎元洪家中的灵堂。香案前摆满了花圈，两侧挂满挽联，正中悬
挂有黎元洪身着大礼服、白衬衣，颈系黑色领花的遗像。

社会各界人士敬赠的挽联。正中间为："鄂军起义首推重黄陂一人。"
而最左侧的是："起义共和成始现中华民国，有饭大家吃难忘我佛菩
提。"（被挡住的几个字，为笔者依据上下文判断出的。）国民党湖北
省党部送的挽联是："首义建共和，大勇若怯，大智若愚，自项城以
下无余子；平民起革命，见利不趋，见害不避，除中山而外独以公。"

左页图、右页图：黎元洪长子黎绍基、次子黎绍业身着孝服，率家眷在灵堂前行祭奠大礼。

黎元洪逝世后，黎府门前扎起高大的素彩牌楼。

黎元洪灵柩从黎公馆起灵时的情景。

灵柩刚刚从黎公馆抬出，四周挤满了观看的人群。

堆满鲜花的灵车抵达容安别墅时的情景。

黎元洪出殡队伍中的西式乐队。葬礼引进西式乐队，这是中国近代以来才有的事情。

黎元洪出殡队伍中的西式乐队，他们手里拿着圆号、小号等西洋铜管乐器。街道两旁挤满了观看的民众。

黎元洪丧礼特请平、津两地高僧48人，身着杏黄袍，手持各种法器，超度亡灵。

出殡时黎公馆院内情景。

黎元洪丧礼中的祭棚，棚内布满了筒幡伞盖和纸花挽联。

椁上再用水泥盖板封固。至此，国葬大典宣告结束。

国葬后不久，黎元洪夫妇墓基、墓碑、墓志铭即开始修建、刻立。这其中，墓碑上的碑文由章太炎撰写、李根源书，7000余字的《大总统黎公碑》，叙述了黎的生平，高度评价了黎元洪在结终帝制、维护共和等历史事件中所做出的卓越贡献。黎元洪夫妇的墓地占地约有百亩，及至1938年日寇侵占武汉时，其建筑尚未最后完工。

新中国成立后，黎的墓地虽被占用，但保存还基本完好。"文革"期间，红卫兵将黎的墓穴毁坏。1981年，武汉市政府重新修复了黎元洪夫妇的墓地及陵园，1985年又再度进行修葺。

现如今，走近黎元洪墓，你会发现，这座陵墓建在15级台阶之上，墓前有一花岗岩石碑，上面刻有"大总统黎元洪之墓"八个大字。墓体为石身土顶，四周都有石墙加以维护，石墙外遍植松柏，显得十分肃穆。一代名人黎元洪，不管他生前是享尽荣华富贵还是曾经郁郁寡欢，此时，他就长眠于此，聆听着后人对他的评说。

第十章

大总统的生意经

相较于其他大总统，黎菩萨确实是比较会赚钱的一个。他懂投资，善经营，几十家企业都有他的股份，是闻名遐迩的大实业家。

投资房产

身为大总统的黎元洪，平日生活中其实也不光是政治、军事、国事。作为一个有趣的人，黎元洪生活中有意思的事还是很多的。

冯玉祥曾在回忆录中对二度上台的黎元洪有过一番描述。他笔下的黎元洪，在面对千疮百孔的国际国内形势和无比复杂的总统事务之余，还会向他抱怨："唉，总统真不是人当的，这个月我又赔了3万多！这样计算，我每年就要赔上36万。长此以往，我实在不能支持了。唉，你们看，这个月，我的煤矿股票和盐票的利息，差不多都赔光了。东也捐款，西也募钱，叫人无法应付。每月进个十万八万，仅只捐款一项，就不够开销！"

身为大总统，怎么还会计较"赔不赔钱"之类的事呢？这其实正是黎元洪性格中可爱的一面，虽然是大总统，但是他也跟一般人一样，会锱铢必较，有各种盘算。而他所指的"赔"，说的其实是他的生意。

原来，在当完一度总统后，黎元洪下野去天津待了5年。但他一点都没有闲下来，因为在那几年里，他与中外各方人士共同投资办了20多个银行和厂矿，俨然就是一个大富翁了。既然是生意人，那对赔了还是赚了的事儿自然会相当在乎。

相较于其他的大总统，黎菩萨确实是比较会挣钱的一个。让我们来看看他的"生意经"。

现如今，投资房地产的人着实不少，尤其在前些年房价还不这么高、政策也较为宽松的时候，有些有远见的人就囤了不少房产。而后，他们仅靠炒房或是租金就能坐享其成了。其实，这样的事在民国时就有，而且还发生在咱们的黎大总统身上。

黎元洪当了副总统并被"关"在瀛台之后，便深深意识到，自己哪里是袁世凯的对手。与其想着争权夺利，不如"闷声发大财"，实实在在地挣点钱。1915年10月，黎元洪看中了北京的一套房产，这处房产位于今北京市东城区东厂胡同，卖方是晚清贵胄学堂学员良揆。据说其"路北接连往东有花园一所，又路南马圈一处及车房一间。东至大街（指马市大街，即今美术馆东街），西至太平胡同，北至翠花胡同。共计灰瓦屋二，一百四十八间半，游廊七十间。内外装修隔断、门窗、户壁俱全，上下土木相连"。黎元洪将这套房买下后，遂搬至此处。而这里也就成了后来我们所熟悉的"东厂胡同大总统府"。

这只是黎元洪所购房产中的一套。

实际上，早在1914年，黎元洪就曾以8800两白银，在天津的英国新增租界购得原属大买办雍剑秋的土地4.2亩。此地坐落于巴斯克道与盛茂道的转角处，地址为英租界19号路。

1918年3月2日，黎元洪又在雍剑秋那一套的西边一点，花1.4万两白银买下一块地。这块地位于英租界细米道老电灯房对面，共4.6亩。

同年10月1日，黎元洪又向英工部局以租赁的方式，获得土地2.9亩，花费白银8694两。另外还有一处不足1亩，也以2976两白银租赁过来。

经过这几次的购买加租赁，黎元洪共获得土地近12.8亩。于是，他便委托德国建筑师设计，先后建成了东楼、中楼、西楼、戏楼与花园等，共建房171间（楼房150间、平房21间），建筑面积达到8516.5平方米。这座建筑群（即今和平区河北路219号）被称为"黎公馆"，它北靠保定道，西临河北路，南面在烟台道还有出口，其地址为英租界19号路187号。黎公馆的主体建筑面南，正门在西边临街，对着的是原顺和里，院墙做了水泥拉毛处理，上面还镶嵌有花饰。整座建筑从河北路与保定道交口的西北角，逐渐向东南错落排列，呈中西合璧的布局。黎元洪在院子里种上花草，还饲养了各种动物，大树下有林阴小路，花园里还有仙人石雕和十字造型的喷水池。

关于黎元洪这座宅邸中各楼的使用情况，我们可以依据黎绍基《黎元洪的一生》、黎元洪英文秘书孙启濂所著的《黎元洪晚年居津生活琐记》以及当时的报刊，来大概构建一下。

西楼是德式的三层楼房，楼上有平台、凉亭，装修得很华贵，这里是黎元洪自己住的地方。中楼也叫"鸳鸯楼"，是一座西式二层楼，为招待宾客的地方。进门后有个大客厅，两边各有两套房间，二层有饭厅和客房。整个鸳鸯楼的前后都有花园。东楼也是个西式二层楼，只不过还带了地下室，为家里眷属住处。楼的中间有个大门，两边各一个小门，此楼装修颇为考究，有机砖、瓦顶，还有双槽门窗和菲律宾木地板，卫生水暖设备非常齐全。戏楼在东楼前，朝向烟台道并有南门出口，内有休息厅、客厅。黎元洪常邀请梨园名角在此堂会，逢年过节，他还会在这里办舞会。整个戏楼楼下能容纳三四百人，楼上能容纳五六十人。地下室还配备有化妆间、酒窖、锅炉房。

自1917年引退，黎元洪基本是在这住一天，隔天去一趟位于德中街的另一套房——容安别墅。这个容安别墅又是怎么回事？

原来，1917年黎元洪辞去大总统赴津时，先派王松林打前站，并住在了袁大公子袁克定宅。7月18日，黎元洪的家属率先离京，进驻天津英租界19号路。一个多月后，黎元洪自己也回到了天津，并闭门谢客。但没想到那年发了大水，黎元洪家宅院被大水包围，他只得暂时移居中州会馆。为此，1917年11月27日，黎元洪又花了4.2万大洋，购下了德中街42号及其所有土地共3.7亩。此地原为庆亲王奕劻次子载搏的公馆，门口有一座德国大铜人，位置很好。购得此地后，黎元洪遂将原房拆除，重建成一座花园洋房，并将其命名为"容安别墅"，以作为自己退身之所，并经常与如夫人在此居住。

容安别墅有楼房三层，外带平房一共有44间，建筑面积达到1878平方米。楼内首层是大厅、音乐厅和餐厅，地面铺大理石。二层是书房、卧室和女客客厅。三楼则是卧室及使用间。二、三两层都铺的是菲律宾地板。整个建筑的内檐装修非常考究，并且还配备有护墙板和多槽门窗，暖卫设备也是相当的齐全。楼外的院子里还有花园，内带喷水池、凉亭、雕像、花窖等。

1923年，黎元洪二度辞去大总统职位，在赴日本半年后，他回到了天津，隐居家中，不问政治。但他偶尔也会见一些重要的人物。比如1924年，孙中山北上到达天津，黎元洪邀其来自己的黎公馆做客。由于身体原因，孙

容安别墅外景。这所别墅有楼房三层，外带平房一共有44间，建筑
面积达到1878平方米。

容安别墅主楼。整个建筑的内檐装修非常考究，还配备有护墙板和多槽门窗，暖卫设备也相当齐全。

先生最终未能前往，而是让自己的夫人宋庆龄偕孙科、汪精卫、李烈钧等赴容安别墅拜访，黎元洪与他们相谈甚欢。

1928年6月3日，黎元洪病逝，其遗体被停放在黎公馆的戏楼中，供人祭奠。7月19日，黎的灵柩出殡，其路线自黎公馆起，经法租界31号路、日租界芙蓉街，转福岛街、旭街，再经法、英租界，最后至容安别墅殡宫。黎的家人遵其遗嘱，将灵柩安奉于院中。

黎元洪去世后，其宅院内的建筑大多被出租。黎公馆的西楼、中楼和花园，被著名饭庄东兴楼包租。东兴楼利用黎大总统的名望，将这里改造成"总统饭店"。只要有钱，人人都可以来这里过把"总统"瘾。20世纪30年代后，这里成为树人学校，新中国成立后则被外贸局干部学校所使用，这个学校后来归到了河北财经学院，也就是今天的河北财经大学的前身。

1976年唐山大地震，黎元洪公馆建筑群总体损失不大，只是部分屋顶有落瓦现象。后来，黎公馆因政府统一规划而被拆除，其西楼原址现在建成了宏达大厦，中楼和花园原址则建为宏达公寓1-3号楼及河北路219号楼，东楼及其周边被树德南里所占。现如今，要想看看黎公馆的样子，可是一点踪迹都没有了。

而黎公馆内的戏楼则在20世纪30年代卖给了东北帮成泰东货栈，成泰东将它改造成浴池，并交给冯志忠经营。1940年，在又有两人参股后，成泰东拆除了浴池设备，将这里改建成亚洲电影院。电影院内设800多个座位，前厅顶部设计成圆周流线型，地面是磨石的，还安装了一部厢式电梯，这在当时真是相当上档次了。新中国成立后，成泰东商行被没收，亚洲电影院也被更名为儿童电影院。后来再经过装修改造，就成了我们今天看到的样子。

而容安别墅处，尽管现在盖起了泰达大厦，但我们仍旧能看出其建筑外观，它也似乎还在向我们诉说着黎元洪的一段段历史。

投资办实业

除去买房，黎元洪还有一件事最为人们所熟知，那就是投资实业，这也是他赚得最多的地方。

1924年5月11日，黎元洪自日本回到天津，他对别人说："我虽然三度因缘时会，有两戴总统桂冠及元勋的风光，但更多的是交瘁的身心和梦魇般的回忆，赔累不少，不如做做生意安闲自在。还可为国家办一点实实在在的事业。"从黎元洪大办实业的经历来看，除了投资盈利之外，他确实也有一派"实业救国"的情怀。

早在瀛台"被囚"期间，黎元洪便曾向位于山东枣庄的中兴煤矿投资了60万元，同时他还投资了北洋贸易银行、汉口第一纺织公司等。第一次辞去总统职务后的那几年，他便已经投资了20多家企业，投资额达210万元。大量的投资为黎元洪带来了巨额股息分红，使他不仅能够维持平日里豪华的生活，还能够用以继续投资。

待到第二次辞去总统退居津门，黎元洪在投资上就更加不得了了。有人曾经做过统计，黎元洪先后投资过的企业多达70多家，投资总额超过300万元，而且其投资项目很成系列，不是东一榔头西一棒子的那种。他在金融业的投资包括：银行业20家（如黄陂商业银行、劝业银行、上海永亨银行、交通银行、金城银行）、证券类5家、保险类2家。实业类：煤矿8个（如中兴煤矿、六河沟煤矿公司、磁县怡立煤矿公司）、矿产类8家、森林类3个（如东北兴林公司）、纺织类6家（如上海华丰纺织厂、山东鲁丰纱厂）、面粉及食品类5家（如天津民丰面粉公司、东北兴华面粉厂）。不仅如此，他的投资还包括水利类（如山西大应广济水利公司）、化工类（如湖北石膏公司、启新洋灰公司、久大精盐公司、永利化学公司）、运输业、造纸业（如山东兴华造纸厂）、市政类、贸易类和文教类，涵盖了北京、上海、天津、山东、浙江、辽宁、香港等14个省市和地区。他本人还曾担任诸多职务，如中兴煤矿、中美实业和震义银行董事长等。

黎元洪的这些投资，大多数都是用"大德堂""秉经堂"等堂号，或者是用"黎宋卿"之名及其子女的名义，以购买股票的方式进行，他还让其亲信唐仲寅和胡英初协助经营。在黎元洪投资的如此多的领域中，其前期回报率最高的是承租的湖北纱、布、丝、麻四局，据说他与自己的把兄弟徐荣廷等人共投资70万两，而6年间竟获利高达580万两。到了后期，其收益最好的公司是中兴煤矿，这也是黎元洪安度晚年的主要经济来源。然而，经营实业的黎元洪也不是完全一帆风顺。由于投资需要向银行贷款，黎在教育上又总有不少捐款，加之黎家花销太大，因此据说某次银行催债还款时，黎元洪竟发现，仅利息一项就有30万元。黎元洪一时还不上贷，只得将东厂胡同的那套宅子卖给了日本一个文化团体，这才还上了钱。

这里特别要提到几家黎元洪投资的公司。

首先是始建于1915年的鲁丰纱厂，它由后来在北洋政府出任末代总理的潘复、当时的山东督军靳云鹏、蔡儒楷等人创办。开办时，集中了全山东省107个县的财力，属官办性质。1919年，鲁丰纱厂正式投产，它是济南的第一家纺织企业。黎元洪对近代中国的纺织业十分重视，因此对这家公司也是关注颇多。黎元洪晚年及去世后，长子黎绍基接手了他在鲁丰纱厂的投资，并曾出任鲁丰纱厂常务董事一职。

鲁丰纺织有限公司全体职员留影。西式的建筑，外立面绘有中国传统的绿叶、葡萄图案，别具一格。

鲁丰纺织有限公司厂区远景。照片中十个车间和一座烟囱整齐排列。

影撮面正門大司公限有織紡豐魯

鲁丰纺织有限公司大门正面。西式砖砌大门，正中悬有"鲁丰纺织有限公司"字样的厂牌。门右侧和左侧分别写有"工厂重地""闲人免进"。

鲁丰纺织有限公司厂区近景。西式厂房造型别致、错落有致。

一 影 撮 間 紗 搖 司 公 限 有 織 紡 豐 魯

鲁丰纺织有限公司摇纱车间。当年购买这些设备价格不菲，鲁丰在那个年代算得上是国内首屈一指的纺织公司了。

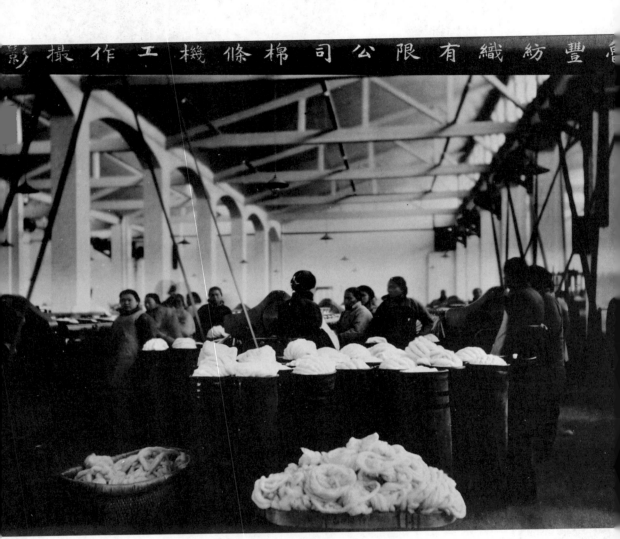

鲁丰纺织有限公司棉条机车间。黎元洪曾经为这家公司投资颇多，他的长子黎绍基曾担任公司常务董事一职。

　　再要说的是远洋与船务。黎元洪对于运输业，特别对建立轮船公司十分重视。当时有华侨首创中国远洋轮船公司，黎元洪为其注资万余美元，希望该公司能在远洋运输方面有所发展，为国家挽回一部分这方面的利益。这家公司曾购买了一艘近万吨的远洋轮，名为"中国号"。"中国号"这艘巨轮往返于香港与旧金山，中间还经过上海。只可惜，公司经营不善，不到一年就倒闭了。后来，黎元洪与朱桂馨、周叔濂、钱训之等合资经营中国轮船公司，将中兴煤矿的煤运至上海。一开始所用船只还不太大，后来逐渐改为近万吨轮船，其业务范围也扩展到了南方的上海、香港等地。

　　而最为令人熟知的，也是让黎元洪最下血本的，就是中兴煤矿公司了。中兴煤矿公司成立于1878年，厂区位于今山东枣庄，是第一家完全由中国人自办的民族矿业。公司开办之后，业绩稳步上升，规模也不断扩大。但到了民国年间，由于军阀混战，全国呈割据分裂局面，给中兴的发展造成不利影响。再加上1915年，由于总矿师高夫曼的失误，公司南大井发生重大透水和瓦斯爆炸，造成499人死亡，使得公司的发展遇到了更大困难。

　　在这样的背景下，中兴公司为了自身发展，不得不开始大肆拉拢军阀头目入股，以期达到既能增加资本，又能获得军阀庇护的目的。1919年与1924年，黎元洪当选为公司董事长，他向公司注资40万元之多，并亲自主持公司事务。在他治下，公司发展显著。1924年的时候，公司资本扩充到了750万元，当年产煤84万吨，盈利达360多万元，矿工也达到1.8万余人之多。本以为这样的良好势头能够保持，然而中兴终究还是没能逃过军阀势力的干扰。

　　1925年8月，山东军阀张宗昌为了增加军费，强行向中兴公司征收煤炭生产税，税额每吨4角，并勒索中兴公司在10日内交款28万元。中兴公司上缴了10万元后，张宗昌仍不肯罢休。他以中兴矿井护卫队勾结土匪为由，收缴了矿井护卫队的全部武装，这意味着中兴公司的财产随时都有可能被洗劫一空。

这该怎么办？中兴的董事会想到，由于张宗昌投靠奉系军阀，可以请张学良找其父张作霖出面干预，而张学良本身就是中兴董事。

1916年11月，中兴公司在天津召开股东大会，经民国国会议长、中兴公司监察人赵尔巽介绍，东北王张作霖拿出6万两白银入股，成为公司的一位大股东。但张作霖考虑到自己忙于东北军政，无暇顾及煤矿经营，不如让自己的长子张学良来锻炼锻炼，因此，时年仅15岁的张学良便成为了中兴的大股东。这个年龄也创造了中兴历届股东之最。1925年，在中兴第14届董事会上，当时已是奉系军阀中将、东三省空军司令的张学良当选为中兴公司董事。张学良将张宗昌干扰中兴一事告诉了父亲，最后，在张作霖干预下，张宗昌终于交还了中兴公司矿井护卫队的武装。后来，张学良在"西安事变"发生后，不得不辞去公司董事职务。尽管他在中兴直接间接参加管理的时间只有21年，但他的股东身份和股份在中兴的时间却长达42年。

1928年，中兴公司再次遭遇不测，这就是之前我们所说的"蒋介石没收中兴煤矿"事件。最后，虽然煤矿没有没收，但蒋介石向中兴摊派"二五库券"100万元，又向中兴讨要军饷100万，让中兴元气大伤。而也正因为此，黎元洪本来就每况愈下的身体更加支撑不住，这也导致他一个月后就撒手人寰，离开人间。

广结外商人脉

除了购房产和投资办实业，黎元洪还与外国商界有着极为良好的关系。黎元洪长子黎绍基在《黎元洪传略》中就有这方面的记述：

他很愿意和美国人做朋友，如美国垄断资本家木材大王罗伯特·大来就是其中的一个。大来在国外就很钦佩我父在武昌起义（时的所为），认为是一个革命元勋，他每次来到中国，都来看望我父，还说过要帮他二十五年忙的话。究竟是在哪方面帮忙，怎样帮忙，我弄不了多清楚，不过据我所知，我父的确帮过大来的大忙。我们在津盖房时，曾购买大来木行的木料。大来抓住这件事大肆宣传，说中国总统私人盖房都选用大来木料，足见大来木料如何如何的优异等等。美国的钢笔大王派克也专程拜谒我父，来时，事先特制了一支朱砂色的金笔送给我父，并要求用这支笔给他签字。他回国后，将我父亲笔签名制成广告到处宣传。另外英国报业巨子北岩公爵也曾来访问过。他们这些人，有无政治上企图，我是莫测高深。世界青年会来津时，约共有两千人之多，我父不仅热情招待，而且还准备了茶点每人一份，这样举动对于一个在野的总统来说，是否还有一些另外作用，当时我正在国外，无法知道。

　　罗伯特·大来确实算得上是与黎元洪走得最近的外商了。他究竟是何人呢？

　　此人1844年出生于苏格兰中部小城福尔柯克，13岁时随家人移民北美，早年在加拿大以经营木材起家。1895年，他进军美国经营轮船航运，并在中国的上海和天津等地设立大来洋行。现如今上海的广东路51–59号、天津的和平路285号，都是大来洋行的旧址。据黄光域先生撰写的《近世百大洋行志》记载，大来洋行本部在旧金山，在上海、天津、北京、青岛、济南、南京等地都设有分号或代理处。其中上海分号设有进口、木材、航行三部以及白莲泾码头，规模相当庞大，其开业之初就备有3艘7000吨级轮船，往来于旧金山及上海、香港间，负责进口西北太平洋沿岸和菲律宾的木材来华，并负责铁路设备、杂货等的进口贸易，还为好几家美国轮船公司做代理。这位商业大亨曾经登上过1928年3月19日出版的《时代周刊》。而据相关文献记载，他在1932年逝世时，留下的资产足有4000万美元之多。

　　罗伯特·大来与中国的渊源十分深厚。早在1909年，他就以旧金山市商会会长的身份来到上海。他与中国总商会联系，希望中国商会能够通过他邀请美国太平洋沿岸的商埠代表来华访问。一年前，他正是用这种方法，率领一个48人的代表团访问日本，使原本存在纠纷的美日两国贸易得以恢复。中国总商会表示同意，并随即向对方发出邀请。同时，中国总商会也建议组织中国代表团访美。

　　1910年8月，罗伯特·大来率领代表团访华，清廷派伍廷芳接待。代表团先后访问上海、杭州、南京、北京、天津、厦门、广州等地企业。后来，罗伯特·大来在上海宴请了中国总商会负责人和各地商会会长，并提出几点要求，他希望清政府接受美国借款，双方互相组织博览会，并建立一支中国船队。

　　后来，大来到杭州游览，恰好发现盛宣怀在重修灵隐寺，他为了取得盛宣怀的信任并进而打开中国市场，便从美国挑选了最大的美国红松28根，由"梅西尔·大来号"装运来华。当木材到达灵隐寺时，每一根足足需要250人才能搬运起来。他还曾对中国的教会建筑及设备多有资助，并对来美留学的中国学生招待有加。

　　而到了1911年，大来又以美国太平洋沿岸各商埠总商会特使与巴拿马太平洋国际博览会特使的身份，再度来到中国。他到上海的时候，正好赶上辛亥首义之后没多久，上海恰好宣布独立。他静观形势，待南京临时政府成立后才回到上海。他还与美国公使密议，要求美国政府承认南京临时政府。见到孙中山后，大来向其阐述希望中国参加1915年世界博览会的希望，孙中山爽快答应。转年2月，他正式邀请中华总商会派遣50人的代表团访美，并再次提出助推中国发展的方略，即借款兴实业，制定银行法以及采用金本位。

　　1914年12月6日，参加巴拿马世博会的中国参展团从上海启程赴美，12月28日抵达旧金山。与此同时，大来为促成中国实业考察团访美而又一次来到中国，这一次，他见到了黎元洪。黎元洪将他奉为贵宾，两人谈得十分投机，据说黎元洪还曾经多次邀请他到私宅进行交流，内容从外交到财政，从经济到工商，无所不包。而在袁世凯去世、黎元洪继任大总统之后，黎的第一封电报就发给了罗伯特·大来，足见二人关系之密切。

　　1915年，中华总商会代表团成功访美，大来以特使的身份全程陪同。此事的成功，外加中国在巴拿马世界博览会上的大放异彩，都与大来的忙前跑后分不开。也正因如此，他在中国的生意越做越大。

黎元洪宴请罗伯特·大来夫妇后留影。后排左九为罗伯特·大来，左十一为黎元洪，右三为黎绍基。前排左一为黎绍芬，左五为大来夫人，左六为吴敬君，右一为黎绍芳。

　　大来的轮船公司为了扩展业务，在上海黄浦江上游的白莲泾购买了大片荒地。他建造了长达1000英尺的最新式码头，使得上海成为其公司远东航线的终点。而他在天津的大来木行，也是不断买地、不断扩张。据他自己在20世纪20年代末时说，最近10年间，他运到中国的木材有40亿尺。有人估算，从事木材经营40年，大来所获得的纯利应当有7亿美元之多。他还曾希望进一步掌握中国财政经济的命运，以保持美国在华利益和其本人在华业务，但由于当时中国国内政治军事不稳定，他的这个企图没能实现。

　　而除去罗伯特·大来，黎元洪还同美国石油大王之子小洛克菲勒关系不错。

　　小洛克菲勒是"石油大王"洛克菲勒的小儿子，他十分喜好中国艺术，据说年轻时，他就经常拜访百货巨头本杰明·奥特曼的寓所，去欣赏那里收藏的中国瓷器。而他对中国之所以那么有感情，可能也和他父亲有关。他父亲于1863年卖出的第一桶油，就是在中国，那一年，老洛克菲勒才24岁。

　　1913年，小洛克菲勒受父亲委托担任了刚刚成立的洛克菲勒基金会董事长。基金会甫成立，便派出考察团3次访问中国。当时担任副总统的黎元洪，还曾接见过基金会的代表团，并对他们的工作表示支持与赞赏。1915年，在3次对中国社会教育、卫生、医院进行考察的基础上，小洛克菲勒决定，在北京创办一所集教学、临床、科研于一体的高标准医学院。为了建造和运营这所医学院，洛克菲勒基金会专门设立了洛氏驻华医社，后更名为美国中华医学基金会。

　　同年6月，基金会便用20万美元购买下教会学校——北京协和医学堂的全部资产。北京协和医学堂成立于1906年，当时由英国伦敦会与英美其他5个教会合作开办。新的医学院被命名为"北京协和医学院"。

　　1916年底，洛克菲勒基金会购下位于北京东单三条的前清豫亲王府。经过一番拆除与改造，这里成为了中西合璧式、宫殿建筑外观的北京协和医学院及其附属医院——北京协和医院。

　　黎元洪曾同洛克菲勒家族成员进行过会面，双方探讨经济，探讨实业，当然还探讨了关于中国医疗卫生的发展问题。为表示对洛克菲勒家族及协和的支持，黎元洪还特别为《协医年刊》题名，并为北京协和医院题写了匾额。能够有这样的待遇，足见黎元洪与小洛克菲勒关系不浅，他对协和也是充满了感情。

　　黎元洪曾经会见过的其他洋商还有很多，比如美国传教士李佳白、美国钢笔大王派克、美国顾问福开森等。总之，黎元洪乐意与西方的实业家、资本家交朋友、谈合作，这在当时也一度被人们传为佳话。从今天的眼光来看，黎元洪思想进步，不放过任何一个投资机会，而且还善于利用各种人际关系，想必这也是他的"生意经"吧！

黎元洪接见美国石油大王洛克菲勒夫妇。左四为黎绍基，右四为洛克菲勒，右三为黎元洪，右一为洛克菲勒夫人。

图书在版编目（CIP）数据

黎元洪：老相册中的大人物/李琮，南庄著．—

北京：金城出版社有限公司，2024.2

ISBN 978-7-5155-2528-0

Ⅰ．①黎… Ⅱ．①李… ②南… Ⅲ．①黎元洪（

1864-1928）—传记—画册 Ⅳ．①K827=6

中国国家版本馆CIP数据核字 (2023) 第193357号

黎元洪：老相册中的大人物
LIYUANHONG: LAOXIANGCE ZHONG DE DARENWU

作　　者	李　琮　南　庄	
责任编辑	杨　超	
执行编辑	王媛媛	
责任印制	李仕杰	
责任校对	欧阳云	
封面设计	有品堂_刘　俊	
开　　本	710毫米×1000毫米　1/16	
印　　张	19	
字　　数	202千字	
版　　次	2024年2月第1版	
印　　次	2024年2月第1次印刷	
印　　刷	文畅阁印刷有限公司	
书　　号	ISBN 978-7-5155-2528-0	
定　　价	88.00元	

出版发行　**金城出版社有限公司** 北京市朝阳区利泽东二路3号　邮政编码：100102

发 行 部 (010) 84254364

编 辑 部 (010) 64214534

总 编 室 (010) 64228516

网　　址　http://www.jccb.com.cn

电子邮箱　jinchengchuban@163.com

法律顾问　北京植德律师事务所（电话）18911105819